U0902202

哈佛情绪掌控课

最新实用版

张小宁◎著

台海出版社

图书在版编目（CIP）数据

哈佛情绪掌控课：最新实用版 / 张小宁著 . -- 北京：台海出版社，2017.3
ISBN 978-7-5168-1364-5

Ⅰ . ①哈… Ⅱ . ①张… Ⅲ . ①情绪－自我控制－通俗读物 Ⅳ . ① B842.6-49

中国版本图书馆 CIP 数据核字（2017）第 065871 号

哈佛情绪掌控课：最新实用版

著　　者：张小宁

责任编辑：王　艳　　　　　　责任印制：蔡　旭

出版发行：台海出版社
地　　址：北京市东城区景山东街 20 号，邮政编码：100009
电　　话：010 － 64041652（发行，邮购）
传　　真：010 － 84045799（总编室）
网　　址：www.taimeng.org.cn/thcbs/default.htm
E － mail：thcbs@126.com

印　　刷：北京嘉业印刷厂
开　　本：710 毫米 ×1000 毫米　1/16
字　　数：236 千
印　　张：16.5
版　　次：2017 年 6 月第 1 版
印　　次：2017 年 6 月第 1 次印刷
书　　号：ISBN 978-7-5168-1364-5
定　　价：39.80 元

前言

从呱呱坠地的那一刻，我们就知道利用上帝赋予的权利来表达自己的喜乐。于是当我们的愿望得到满足时，我们放声大笑；当我们过得并不如意时，我们轻声哭泣；当我们受到生活的不公平对待时，我们用愤怒的情绪发起反击；当我们内心极具不平衡时，我们的冲动可以代替一切理智……就这样，我们总是放纵着自己的情绪，不懂得节制，更忘记了控制。

哈佛大学曾针对人类自我情绪控制能力做过一项调查，调查结果显示：在人生中，塑造成功、升迁与成就等积极结果的行为有 80% 以上是因为当事人拥有着正确的情绪，而个人技术仅占到了成功因素的 15%。这意味着自身情绪控制能力的高低不仅是个人生活能力的高低，更是影响个人情感生活、身心健康与全面人际关系的重要因素。

哈佛大学的另一项调查结果显示：90% 的病来自人们的内在，来源于人们的情绪。大部分癌症病人与父母关系不好，负性情绪过多，抱怨和悔恨占用了生命中的大多数时间。

情绪就是一种能量，如果我们长期处于负情绪当中，它会形成一种物质留在我们的身体里，阻碍我们吸收正常的身体养分，造成身体器官功能失衡，从而破坏身体内部平衡系统，造成疾病。

生活中，控制不了自己情绪的人，往往都不会获得真正的快乐。加之很多疾病都是负情绪惹的祸，所以只有那些可以真正掌握自己情绪的人，才能获得洒脱、幸福的人生。

哈佛大学的一位心理学教授曾这样告诉他的学员：当光怪陆离的花花世

界牵动着你攀比的神经时，想着每个人都有自己的生活，幸福源于感受，并不源于比较，这时候，你自然就不会因为一时的不如别人而感到情绪失落。

当别人的流言蜚语挑动着你的敏感的神经时，想着别人的眼中活不出真正的自己，只有能走出别人的世界才能获得真正的坦然，这时候，你自然也就看淡了别人的评价，活出了自己的精彩。

当面对生活中无处不在的压力时，少一点抱怨，多一点乐观。要知道，很多时候每一段痛苦都是一种成长，学着把压力当成咖啡品味的人，才能感受其中蕴含的香醇和回味。这时候，你自然也不会再为生活中的点点无奈而叫苦不迭了。

哈佛大学作为很多人都向往的神殿，它有着自己独特的魅力，哈佛思想、哈佛精神影响了很多人。哈佛的很多课程都受人追捧，因为这些课程能提升学生多方面的能力，而这些能力都是成为一个积极、健康、成功的人所必须具备的要素。

如果你正在饱受负情绪的折磨，却又无法抽身的话，不妨打开这本《哈佛情绪掌控课》。这本书以活泼的语言、生动的事例，为你揭秘负情绪产生的根源，剖析你内心的症结，实际有效地为你提供了控制情绪的方法。教你怎样才能心态平和地战胜消极情绪；如何对抗高压时代，将压力从阻力变成动力，在高压中体味成就感，活得快乐；怎么积极地自我暗示，做一个积极热情的乐天派；怎么换种思维就能走出情绪的低谷……

读完这本书你将发现，原来负情绪可以这样轻松地被你拒之门外，快乐的生活也可以这样潇洒自如地被你操控。

目 录

Class 1

为什么会有负情绪

Class 2

掌握自己的命运，先掌控自己的情绪

Class 3

停止抱怨，情绪就会改善

Class 4

释放内心压力，赶走忧郁情绪

Class 5

把愤怒情绪遏制在爆发之前

Class 6

以平和的心态清除焦虑情绪

Class 7

换种思维就能化悲痛为力量

Class 8

不纠结于悔恨情绪

Class 9

锻造屡败屡战的魄力，战胜挫折情绪

Class 10

转移注意力，快速摆脱负情绪

Class 1

为什么会有负情绪

随着物质资源的丰富和生活节奏的加快，越来越多的人发现自己的快乐变得越来越少，取而代之的是负情绪越来越多。欲望、敏感、嫉妒、自卑、失望、委屈、愤怒、焦虑、恐惧等等赶走了我们的快乐，使我们的情绪一蹶不振，甚至阻碍了我们的幸福生活。只有了解负情绪的产生原因并加以正确引导，才能重拾真正的快乐。

1．无法控制一刹那间的冲动

你身处一家外企之中，你的上司平日里温文尔雅，但在一次会议上，他却很轻易地被一名女同事微微有些激烈的言辞所激怒了。他当场指着对方的鼻子大骂了起来——这让包括你在内的同事们惊诧不已。

后来，这位女同事将这件事情投诉到了公司高层那里，你的上司因此而失去了一次即将到来的宝贵晋升机会。

你为此事而后怕：你也有冲动的习惯，若一时冲动，自己要如何控制，才能远离这种可怕的情绪？

如果你也曾经有过一时的冲动，你很可能会在事后为自己的冲动而懊恼：天啊！我怎么会控制不住自己？那点儿小事，值得我大动肝火吗？

冲动在生理学上的定义是神经受到刺激引发的兴奋性反应，我们日常生活中所说的冲动多指理性弱于情绪的心理现象，在心理学上，冲动被视为是“未加思索的情绪反应”。

有很多人习惯受冲动的控制是因为，他们认为一时的冲动或许可以改变身处窘境的当下，但事实上，冲动并不能带给我们飞蛾扑火的灿烂，假如在理性弱于情绪的那一刻给自己三分钟冷静时间的话，你将会发现，魔鬼就在身边。

冲动有可能源于自我保护，这是一种心理补偿。据心理学家们调查发现，自信心不足的男性往往更容易出现冲动情绪，这种冲动其实是他们一种错误的自我保护。

若一个男人自我效能感低下，对自己的价值不认同，他会感觉自己是被人瞧不起的、是受人威胁的，而这种心理常态的外在表现是怯懦、退缩。但越是有这样的表现，越容易在遇到偶然的触发事件时出现失控的情绪，比如，表现出野蛮的愤怒、不顾一切的冲动。当事人在非理性状态下可以感受到反抗的快感——这实际上是一种潜在的心理补偿。

不可否认的是，冲动是自我情绪中的一部分，同时也是个人情绪中不可或缺的一种能量。虽然现代医学并不能给出有关于冲动的公认定义，但作为一种典型的情绪，冲动就如同我们每一个人的影子一样，是个人情感中挥之不去的、时而会猛烈爆发的那个自我——虽然时过境迁以后，你会感觉，当时的那个人已经不是你自己了。

这种“冲动当下的自己不是自己”的行为，证明了一个事实：冲动是一种行为缺陷，它由外界刺激引发，是突然爆发、缺乏理性、带有盲目性，且对后果缺乏清醒认知的行为。冲动靠激情推动，带有强烈的情绪色彩。其行为缺乏意识的调节，常常表现为感情用事、鲁莽行事。冲动时，人们不知道自己为了什么，不知道“冲动”这一行为是不是能帮助自己达到目的，个人往往会置所有人、所有事于不顾，对行为的不良后果缺乏理性的评估与认知，事后往往会产生后悔情绪。

我们不能否认的是，冲动与其他的情绪一样，有其积极的一面。“冲动是魔鬼”不假，但我们谁都不能否认，没有这个魔鬼，也就没有了这个世界。很大程度上，正是激情冲动之下，某些人的一些意外举动，才造就了这个美好的世界。

不过，如何把握自我冲动，或者说尽量使其表现出天使而非魔鬼的那一面，让澎湃的激情引领自我灵感，而不是让瞬间的冲动毁掉自己的前程，则需要一定的技巧。

如果你是一个经常冲动的人，那么，你有必要学习以下几个方法：

1. 推迟冲动法

当某一事件触发了你强烈的情绪反应时，在表达情绪以前，先为自己的情绪降降温，比如，在心里告诉自己：“我数五十个数（或 2 分钟）以后再发怒。”然后，在心里默默地数数，或是一直计算时间——不要小看这 2 分钟、几十个数的时间，它可以帮助99%的人冷静下来，恢复理智，避免冲动行为的发生。

2. 转换环境法

另一个控制情绪的有效方法是在第一时间换一个环境，其目的显然是转移你的注意力，这的确有可能使即将失控的情绪得到平息。在转换环境的过程中，你的精力、注意力也会被相应地转移，这可以帮助即将失控的情绪迅速地平息下来。值得提醒的是，你的行动必须要及时而迅速，千万不要让自己在消极的情绪中沉溺得太久，以避免最终导致情绪的失控。

这一办法在实施过程中有一定的难度，有些时候，并不是你想要走就能走得了。大多数时候，比如，你与他人发生冲突时，往往是因为一些鸡毛蒜皮的小事，这些小事本来是可以“退一步海阔天空”的，但恰恰是因为身处那种情境之中，很少有人能够退这一步。

在这种情况下，你可以给自己定一个相对小一些的标准，比如，只退一小步。这样的退让既可以让你在场面上不算太难看，也可以让你更好地看清楚眼前的状况，进而达到控制自我的目的。

3. 双向沟通法

假如你在冲动发生前与自己说说话，那也是好事。当你特别激动时，试试看自己跟自己描述一下眼前的情境与自己的感受，比如，告诉自己：“我现在头很热，心跳加速、呼吸急促！”不要小看这几句简单的描述，它们可以有效地分散掉你的注意力，从而挽狂澜于既倒。

同时，你也可以尝试着与对方沟通。假如你常常会出现冲动性发怒的话，找一个自己情绪好的时候，说服自己去与你常常发火或训斥的对象聊一下，注意不要吓到对方。如果你感觉这样做很别扭的话，也可以选择如网络聊天、写电子邮件等方式来沟通。沟通可以很好地缓解压力——毕竟，你可能仅仅是因为压力而冲动地训斥了对方，让对方理解你的处境、当时的心情，或许有助于关系的恢复。

此外，哈佛心理学家们还发现，运动是最有效解决冲动的方法，尤其是多参与一些户外、消耗体力式的活动，如登山、武术、游泳等，使不快得以宣泄。当感觉自我情绪无法控制时，你可以主动地做一些运动，让冲动的情绪随着汗水一起流出体外。

2. 内心敏感的刺伤人伤己

我们正处在一个“人际关系决定未来”的时代里，如果具备察言观色的功夫，自然会对人际交往带来很大的帮助，但是，若对他人的行为表现得过于敏感甚至妄加揣测，便会给自己套上无形的枷锁，而这样的枷锁对于自我立身、处世皆没有半点益处。

过度敏感的人总是会有心虚气短之意，他们并没有做什么见不得人的事情，但是心里却总是在发虚。他们总是对别人的评价或者态度上的微小变化特别在意。而事实上，别人并没有拿他怎么样，他却会认为，大家都在故意与他过不去。

有些人总是期望自己是生活中的强者，可以成为他人心目中的优秀分子，但是往往事与愿违，现实与理想之间总是存在一定的差距，而这样的差距令他们的内心变得更加敏感，以至于随时都可以捕捉到任何对自己能产生负面影响的信号。最终，事情便极有可能会陷入一种恶性心理循环：你越是让自己在过度的敏感中过于紧张，便越容易成为他人的话柄与笑料，而这种来自于他人的恶性反应又会使你对人际的猜疑与敌意进一步加剧，从而让自己将人际关系搞得更加一团糟。

哈佛心理学研究人员曾经提出过这样一种论断：敏感的人通常是很自卑的，只有摒弃自卑感，才能抛开敏感的包袱，有机会触及内心，从而更轻松地面对人生。在这个不相信眼泪的社会里，敏感并非最好的处世方法，特别是不分场合、不分地点的敏感，更会给我们的生活带来巨大的负面影响。学会与他人正确地、轻松地交流，让自己从相对化的角度去看问题，我们便会发现，其实事情并没有那么糟，而原本那些天大的事情原来是如此平常。

敏感其实并不一定是人的天性，很多时候它都是我们在日常生活不够自信或者习惯思维的表现。一定的敏感度也许可以帮助我们成就事业，可是过度的敏感就反成了生活的负累。

太过清醒的人生难免很痛苦，这时候我们不如睁一只眼闭一只眼，看淡得失。很多问题只要不是已经强加到自己头上，那就不要急着反应。世界上的很多事情也是这样，当你故意装作充耳不闻的时候，也许它就自然消解了；如果你一再刻意强调，它也许又被无限放大了。

哈佛大学公关学教授史密斯·泰格认为，要想与任何人相处都游刃有余，最好的办法是多装糊涂。过于敏感的人很难和别人搞好关系，因为他们过于斤斤计较，总是会在利益上和别人发生冲突纠葛，甚至触犯众怒。而表面看起来糊里糊涂的人却总是能够受到人们的欢迎，因为他们低调随和，处处不与人争风，总是表现出一副置之度外的姿态，这样的人更容易得到别人的信任。

3. 想太多，成了思想包袱

你正在参加一场重要的公司会议。这场会议有多重要？光看坐在领导席位上的董事长与各大股东都来了就可以知道。

几天前，你的上司告诉你，他准备委派你代表部门展开新项目的游说——这是一次好机会，你知道，如果表现得好的话，升职是十拿九稳的；幸运的话，董事会还会因此而青睐于你，将你调往更重要的职位。

于是，你花费了几天几夜的时间，不断地练习、不断地审视自己的逻辑与用语，以期达到完美。

可惜的是，在会议上，董事长突然打断了你的演讲，并以不耐烦的态度——其实你也不知道他是不是不耐烦，因为他一向这样说话，但在你看来，那就是不耐烦——询问你："你说了这么多，我怎么还没有听明白这项目的重点在哪里？"

你一下子懵了，接下来的发言，虽然力经调整，却明显不如之前出色。

会议结束后，你审视整个过程，开始不断地自责："这次演讲彻底失败了！看来，我的晋升没希望了！唉，说不定上司会因为我的表现不佳，以后再也不愿意将重要任务交给我了……不，他或许会直接开始忽视我，因为我辜负了他的期望，日后，他会不会故意刁难我？完了，看来我在公司待不长久了！我的职业生涯完了！"

你的脑洞越开越大，到最后，你甚至开始为自己凄凉的晚年生活而心酸了。

你或许已经意识到，当你在觉知状态下时，自己的想法与感受都能被察觉到。通过观察它们，你便可以知晓你的决定与生活是如何被驱动、被建构的。也恰恰是由此，我们便可以做出真正有帮助的决定，比如，怎样才能更有意义地度过每一天，怎样去更好地关心自己，怎样去与他人相处。

你的幻想实际是一种期待，它代表着你畏惧或是期望发生的一种未来。若常常沉浸于幻想之中，那么，对现实的不真实描述便有可能令你感觉失败又沮丧，它们也往往会带来过度的压力：你可能会确信自己无力完成某项工作，或者认为，保住饭碗是当下唯一的选择，又或者在未能进行足够调研的情况下辞职创业。种种过度的渲染下，你极有可能会虚构出各种根本不会发生的痛苦场景，然后使自己沉溺其中。

正如哈佛心理学家文森·法维拉所说的那样："我们携带着诸多被植入的信念，并使用它们来描述这个世界。这些习以为常的想法甚至未曾经过审视，只是被我们简单地拾了起来，然后内化进了心里，而当我们可以意识到这些信念，并进行检验时，那些失实的部分往往会得以驱除。"

下面是文森教授分享的一些关于沉溺于幻想的迹象，以及如何自助的建议——你是否可以从中看到自己？

1. 你认为只有"糟糕透顶"与"完美"两种状态

比如：你感觉自己的约会要么是完美的，要么就是一个巨大的灾难；你觉得自己要么是一个天才，要么就是一个蠢蛋；你觉得自己要么像一个禅宗大师一样淡定自如，要么就是不堪重负，崩溃成碎片；你觉得你的事业要么成功，要么就是完全的失败。

但事实上，这种极端的思考方式会使我们的知觉范围受到限制，它使我们无法从生活中学习。相比之下，整合式的观点明显更有益："我今年的工作做得很好，虽然我没有因此而获晋升。期待明年的晋升吧！"

形成这种有斡旋余地的自我评价远比那种刚性而死板的自我分类要好得多。因此，在你相信某件事情是一个彻底而全然的失败以前，先问问自己："在这次的失败中，哪些部分还算是进行得不错？哪些不太好？下一次，我可以在哪个环节上做得更好一些？"

2. 你感觉自己一文不值，遭到他人的厌恶

或者，你认为自己是一个失败者，你乐于使用任何恶劣而糟糕的词汇去描述自己。但是，人类本身就是复杂的生物，单单使用一个词语去囊括其特征，明显是不妥的。

我们的生活原本就充满了可供人细细品味、琢磨的细微区别，而我们也是由这些细微之处填充起来的。若你有这方面的困扰，培养自己的自爱心自然会有所帮助。

3. 你以为成功会不费力地到来，或者任务能够被很快搞定

相信自己能成功是一种积极的情绪。乐观的期待保护了我们脆弱的自尊心，也带给了我们一种未来尽在掌控的感觉。然而，若你因此而认为自己会很容易获得成功，那你便为未来种下了失望的种子。

著名心理学家兰特格·哈里森认为，相信"轻易便可成功"恰恰是失败的开胃菜。无须质疑的是，成功之路是由辛勤工作、毅力、挫折铺就的。

若你总是保持着自己可以"轻易成功"的幻想，那么，当你被现实敲了一记闷棍时，你便会更容易地选择放弃，并停下追逐目标的脚步。若你没有给自己许诺用足够的时间去完成一项计划，那就意味着，你在主动地寻求失败。正如那句英国谚语所说的那样："要对自己的能力足够信任，但也要未雨绸缪。"

4. 当某人不回应或者拒绝你时，你想当然地认为他们不喜欢你

在被如此对待时，一些人乐于往最坏处想，因为被拒绝是痛苦的，而且它很容易被误以为是针对自己的。但实际上，对方可能只是忙于工作，或是有其他原因，以至于没有办法当时回复你，或者谢绝你的邀请、提议。

他人的不回应或拒绝在大多数情况下与我们并没有关系。更重要的是，某人很可能今天拒绝了你，但这并不意味着，日后他不会答应你。

5. 你不断地反复思考各种糟糕的情境

"使劲往坏处想"这一点，并不仅限于上面提到的，当你听到救护车的声音时，你很可能会臆断为自己重要的人遭遇了不测；当工作犯错时，你或许会想象自己因此而丢了工作，继而供不起房子，然后妻子因此而与你离婚。

这是一种莫名的情绪：你认为自己的生活类似于一组多米诺骨牌，一旦其中一块倒了下来，其他部分也会相继倒下。这是人类与生俱来的天性。

我们习惯往最坏处想，这种源于原始时期的本能会帮助我们的先祖做好准备，应对最坏情况的发生，以在荒野环境下维持自身的安全。不过，你或许可以发现，这些假想中的“最坏事件”几乎从来没有发生过，而过度地沉浸于“幻想出来的问题”只会增加我们的压力，引发不必要的担忧。

怎样才能将“灾难化”幻想驱逐出脑海？文森教授认为，我们倾向于将自己的情绪投射到外部世界里去；若自身感觉到焦虑，便在外界寻找那些引发自我焦虑的证据，并以此来确认自我焦虑的确存在。因此，你应寻找那些期待（之前已经提到，你的幻想其实是一种期待）与现实相背离的证据。

6. 当没有办法完成一个目标时，你立即放弃了所有的努力

这是文森教授提及的另一个心理效应。当未能达到预期的目的时，我们倾向于使用“要么完全达标，要么全然失败”来要求自己。

这就好比，你决心完全而快速地戒掉网购瘾，但有一天你忍不住打开购物网站，给自己买了一件东西——此时，你感觉所有的事情都搞砸了，然后，你立即开始大购特购。

你之所以这么干，是因为你沉溺于“黑或白”“全或无”式的分裂幻想之中，你很可能存有这样幻想式的期待：要么自己完全不网购，要么就是一个“疯狂网购者”。

需要重申的是：当你在追逐某一目标时，过程中总会遇到挫折、挑战与障碍，关键在于，你需要让自己尝试着去驾驭那些不顺利，比如，事先估计到潜在的障碍与困难，然后，再制订一个计划去应对它们。

人生如此漫长，你总会有沉溺于幻想的时候，其中一些幻想是毫无助益甚至是有害的。反观自我的起心动念，你便能获得一种洞察力，去分辨自我行为是否与自我愿望、价值评价相匹配。若是不相匹配，那么自我觉察便给了你停下行动，并进行修正、再调整的机会。

4. 焦虑引发的危机感

公司晚餐会上，你坐在了新同事的旁边。他刚入职不久，表现出色，同时你发现你们在很多方面都有共同的爱好，所以，你很希望给他留下一个好的印象。事情似乎进展得很顺利。你们很聊得来，而且，你可以看出，他感觉你很幽默风趣。

然而，突然间，气氛开始有些不对了。他与你的眼神交流少了许多，你们的对话变得尴尬起来。是因为你讲了自己在大学时的恶作剧吗？还是因为你说了自己对生活的看法？你看了他一眼，他看你的方式绝对不对劲。你到底干了什么？趁着聚会片刻的安静，你在脑海中开始回放从对话开始，你们之间发生的点点滴滴。

这非常奇怪，但是，新同事态度的转变给你带来了不小的冲击。简而言之，你开始焦虑，所以一下子发生了许多事情。你努力思考，并试图搞清楚到底发生了什么，以及你要怎样说，才能够挽回你们之间的关系。

从现在开始，你变得更加谨慎了，你犹豫着，要不要再与他聊天，当你们再次开始对话时，若不小心打断了对方，你会更倾向于向他道歉，而不是快乐地继续聊天。你甚至开始不时地插入一些评论，期望可以澄清或者缓和你之前的一些尖锐言论。你可以感受到自己的焦虑，并担心事情的结果会变得很糟糕。

很多人不清楚的是，焦虑到底是一种多么糟糕的情绪感受。它只是一种不愉快的、需要熬过去的感受，还是什么更严重的问题？根据 18、19 世纪心理学家们的看法，焦虑非常糟糕：人在焦虑时，担忧与反思不仅会分散自身的注意力，还会将个人精力消耗殆尽，而且，由于焦虑会令人极度不悦，因此，个人还极有可能冲动行事："不管是什么事，只要能让这种感觉消失，我就会去做！"因此，古典心理学者们一致认为，人们应该避免这种情绪。

更重要的是，焦虑有一个更严重的问题：它是与理性背道而驰的。当你处于焦虑状态下时，个人思绪完全是平静的对立面。你缺乏与道德紧密相连的理性控制：焦虑时，是情感而非理智在决定你的行为，而我们所在的世界里，美德真正的力量是以平静的内心去面对人与事。

将焦虑刻画成黑暗的、负面的、邪恶的力量，显然受到了很多心理学家们的支持。不过，哈佛心理学家却认为，焦虑是我们之所以能够顺利展开社交生活、道德生活的核心所在——这并不意味着我们需要更多的焦虑，但是，我们的确需要培养它，我们只是需要学会以正确的方式去焦虑。

关于这种令人困惑的情感，文章开头的小故事可以告诉你一些有关焦虑的知识。

首先，它向我们揭示了焦虑是什么。日常生活中，我们所感受到的焦虑，是面对不确定的威胁或者危险而产生的一种不安反应。比如说，你在晚宴上的焦躁不安，是因为你无法确定，为什么你与新同事之间的对话突然变得尴尬了起来，你希望可以给他留下好印象，但是，你并不确定自己是否能成功。结果就是不安、担忧带来的刺痛——而这便是你的焦虑。

这件事情还告诉了我们，焦虑能够产生怎样的效果：它可以让你采取行动，使你能够更有针对性地应对自己面临的困境。比如，在晚宴上，焦虑会让你反思，自己是不是说了什么不合适的话，所以，你发现对话势头不对时，会在脑海中回放对话过程。焦虑还会帮助你尝试弥补你可能犯下的过错，而你会因此更加尊重对方。

站在这一角度上来说，焦虑是一种有益的情感。美国焦虑心理学家大卫·巴娄认为，焦虑这种情感是大脑对潜在的危险情况发出警告，并激发内在防御功能的心理机制。这些机制非常重要，因为它们可以让我们进入更高级、更成熟的功能层面。比如，在日常社交生活中的焦虑，在具备了这种情感以后，我们便能够更好地理解它、利用它来指导我们的社交关系。

这种良性的焦虑带有特征鲜明的不确定性，也就是说，你会琢磨自己是不是显得很愚蠢。通常情况下，它会使你变得更谨慎，而这样做可以帮助你尽可能地减少留下坏印象的概率。此外，焦虑也会带来激励作用：你知道自己在交流过程中打破了某种潜在或者显性的规则，但你不知道自己会不会因此而受罚。基于这种根源，焦虑会激发你做出努力，弥补你所做的事情，比如，向对方提前道歉。

不过，日常社交焦虑并不是我们经历过的唯一一种忧虑，我们还有很多其他的焦虑，比如，你可能会因为自己的工作任务过重而焦虑，或者为自己是否该去做一件事情而焦虑。这些焦虑往往会造成更多的负面影响。在这种情况下，你就需要运用更恰当的方法，去引导它们走向平静。

1. 把握身体预警信号

当你情绪起伏不定、处于焦虑状态下时，身体会出现某些变化与反应，如呼吸加快、心跳加速、肌肉紧绷等。此时，我们有必要把握时机，将这些预警信号当成警铃。

现在，回想一下，你在处于焦虑状态下时，身体容易出现哪些状态？再检视一下它们，并尝试着运用下列方法，去减轻自己的焦虑情绪：放松呼吸、喝冰水、离开那个引发焦虑情绪的场合、听听音乐，或者其他自己喜欢且有效的方法。

2. 让自己的脑袋停止思考

一旦你发现了焦虑发生前的身体预警信号，就应该意识到，你很有可能正因为脑海中出现不合理的思维而处于情绪起伏的状态。此时，必须要提醒自己：立即停止所有不合理的思维。同时，问问自己是否掉入了哪个思维陷阱之中。

想要减轻焦虑，你可以告诉自己“等一等，现在的情况并没有我想象的那么坏！”“暂停一下，先想清楚再说，千万别钻了牛角尖！”也可以在内心大声高呼：“不要再这么想下去了！”让思维跳出这件事情，并告诉自己：“不要将事情看得那么糟糕！”

你可以为自己创造更多的减轻焦虑的方法与提醒话语。不过，不管使用哪种方法，每一次使用以后，你都应该记录它的效果——这将有利于你日后剔除那些对自己没有用的方法。

3. 两步骤展开自我反问

看似简单的自我反问，却能够帮助你纠正不合理的思维，形成从多个角度与观点看待事物的合理方式——这是驾驭焦虑的关键步骤。

（1）你需要先问自己："我最常跌入哪些思维陷阱呢？"

生活中常见的思维陷阱有以下几种：

• 感情用事：单纯以感觉与情绪下结论、作判断，忽略客观事实。

• 归咎于己：结果不理想时便怪自己，一味地认为是自己的责任。

• 大难临头：夸大事情的严重性，甚至将之视为灾难。

• 否定自我：经常无意识地贬低自我，使自己意志消沉。

• 非黑即白：事情仅有一个绝对结果，不存在其他可能性。

• 贬低成功经验：自己做得再好，也会贬低成功的价值，认为这样是应该的。

（2）找出这些思维陷阱后，用下面的问题询问自己，以帮助自己更理性、更客观地看待事件。

• 有什么证据证明我这个想法是对的还是错的呢？

• 这是不是事实的全部？

• 就算最坏的情况发生了，那又会怎样呢？

• 其他人（家人、朋友、同事）会有什么看法？

• 若我继续这样想，对我有什么样的好处和坏处呢？

4. 分散你的注意力

当你停止了所有不合理的思维，并以其他的角度对自己展开了反问后，为了避免自己继续专注于这些事情上无法自拔，你可以进行一些如看电视、听音乐、与朋友聊天、洗澡等正面的行动，以将自己的注意力分散或者转移到另外一些不相关的事情上。这些看似简单、微小的行动，往往可以带给我们轻松、开心的感觉。

正视正面焦虑的积极作用，减少负面焦虑的消极作用，正确地利用、引导焦虑引发的危机感，你将会发现，自己受到焦虑困扰的时刻越来越少，你也能越来越轻松地应对焦虑所带来的负面感受与危机时刻了。

5. 不合理的、僵化的观念

在旁人看来，安娜天生就是一个非常漂亮的女孩，可是，这种“漂亮”远远未能达到她自己的要求。每天早上站在体重计上的时候，她会大叫：“天啊！体重还没有减轻！完了！再这样下去，别人肯定会认为我是猪了！”若是哪天早上出门前，发现自己的脸上长了小痘痘，安娜更是会夸张到不出门：“这个样子怎么出门？女孩就应该漂漂亮亮的，脸上有痘痘只会让别人看到恶心！”

安娜的男朋友约翰最近也是愈发闷闷不乐。因为他买车以后才发现，自己的生活非但没有因为有了车而变得好起来，反而越来越差了：因为这个城市一向不佳的路况，几乎隔几天，他就会在上班或者外出办事的时候遇上严重的交通堵塞。每次碰上这种情况，他都会大声地咒骂：“简直太不像话了！烦死了！”

其实安娜与约翰的问题就在于，只懂得将“糟糕”与“悲惨”的感受推给自己，然后，将自己遇到的每一件麻烦事都想象成可怕的悲剧。但是，生活不会总是与我们期望的相符。我们越是认为事情必须要怎样，或者必须不要怎样的观念越强烈，我们便越容易感觉到烦恼。

让我们不开心的，与其说是我们观念的内容，倒不如说是因为这些观念的僵化程度。漂亮的人的确会更受欢迎，通畅的道路的确会让人更快到达目的地，但是，若是仅仅将这些观念当成倾向，观念便不会成为问题。

只要你明白事情并不是非要这样。希望他人喜欢自己、喜欢他人对自己友善、期望他人做我们认为正确的事，这些都是合情合理的——只要我们懂得变通，可以接受不如意的现实。

你需要明白，以下错误的观念，将会让你的情绪陷入可怕的境地。

1. 恐怖化的想法

恐怖化的想法往往是指将生活中普通事件的消极后果过度夸大。这种想法会将我们不如愿的、讨厌的事情看成是可怕的、糟糕的、灾难性的。结果，当我们经历这些事情时，便会感觉它们非常恐怖，认为事情应该如何的想法，与恐怖化的思维方式是密切关联的。当事情不如愿，或者单纯地认为灾难性的后果将会到来，我们便会陷入负情绪之中。比如：

- 我必须让他人喜欢我——受指责真的太可怕了。
- 我必须要有个爱人——孤单是最恐怖的！
- 我需要减肥——肥胖最让人厌恶！

但事实上，我们接受这些想法之后便会发现，这些事情并没有那么可怕。

2. 非黑即白的思维

这是一种极端的看待事情的方式，它会让人认为，事情只有两种状态：要么是正面的，要么是负面的；但是，人生还有“中间”状态。一旦忽略了“中间”状态，你便会将人或事评价为成功的或失败的、好的或坏的，而无法认识到，很多时候，事情既不是美好的，也不是邪恶的，而是属于两者之间的。

3. 以偏概全

习惯这种思维方式的人，会以自己有限的依据，对他人与自己做出消极的评论。有时候，仅凭过往的一次经历，我们便会用“每一个人”“都是”“从来不”这样的词语来思考。如：“我总是会将事情搞砸。”“每一个人都是自私的！”

4. 自寻烦恼

有时候，错误并非由你而起，但你却认为自己应该对它负责；或者，认为他人的一些不当言行是针对自己的。你容易将他人的言行视为对自己的无礼，更容易感觉气愤。但事实上，理解他人，认识到他人的反应更多地是在反映他的烦恼或个性，而不是针对你，你才会不往心里去，才会不自找罪受。

5. 认知偏差

有关他人、自己与世界的信念会使我们对自我经历的感知出现偏差。如，我们可能会对事情的一个方面过分专注，而忽视其他的相关信息。假如你认为世界对自己充满了敌意，你便会注意那些会对此进行证实的信息，而忽视那些相反的证据，而这样的认知也会让你陷入烦恼之中。

6. 过于草率地得出结论

当事情出现了差错时，我们或许会设想出最糟糕的结局，我们还有可能从消极的角度来对他人的动机与评价进行曲解。这种草率的负面结论，不仅会让我们感觉痛苦，而且很可能会引发更失败的结果。

7. 过分责备

我们总是乐于指责他人，这种行为的最大问题在于，它会产生憎恨与痛苦，却无法解决问题。事实上，若是责备成了我们遇到问题后首先想到的处理方式，而不是采取行动来对自我处境进行改变，那么我们处理事情的能力将被削弱。

8. 贴负面的标签

人是世界上最复杂的动物，我们拥有最丰富的性格与多样化的行为，不管是对他人还是对自己，我们都不能仅凭一两件事情、一两个方面便下定论。给他人或自己贴负面的标签，是最不当的行为，因为个人的某些行为并不等于个人的全部。我们应学会单纯地针对事情做出评价，而不是针对人，比如，“她做那件事太蠢了！”的评价就比“她真蠢，竟然那样做！”的评价更准确。

9. 总想负面的事情

你可能习惯于关注负面的可能性，如失去、痛苦或者失败、被拒。但是，与自己讨论有可能发生的一切灾难，并让自己专注于那种“假如”、“万一”一类的负面想法，只会让你生活在焦虑与痛苦中。最好的方法，是让自己接受不确定性——承认不好的事有可能发生，但你也应承认，若事情发生，你有能力应付。

生活总是充满了各种挑战，当事情并不如愿的时候，我们要么强求事情应该是另一番样子，而使自己极端痛苦；要么学会变通，用更灵活更快乐的方式去看问题。很显然，后一种想法能够让我们更快乐。

想要减缓错误的观念所造成的压力，你可以反问自己："这对我到底有多重要？""三天、三周或者三个月后，我还会记得这件事情吗？""如果不会，我为什么还要这样折磨自己？"这些思考会让你淡化，甚至会使你遗忘许多不如意的事情。

生活中真正拥有快乐的人并不是最富有的人，也不是最美丽的人，而是那些能够真正做到变通心态的人。所谓的变通，并非指过度麻木、意志薄弱。我们总是会对自己的生活产生憧憬，而我们之所以会陷入急躁、暴躁之中，是因为现实与我们憧憬的不同，或者我们不懂得满足。从这一角度来看，我们便会发现，在日常生活中，造就我们情绪失控的，其实就是源于不合理的、僵化的信念——认为事情就该如何。然而，那些真正快乐的人并不会强求事情如同自己想象的一样，他们愿意承认变化、愿意接受变通。

6. 自尊太强又过于脆弱

卡登在某研究所工作，他的学识与技术并不算差，但是，因为自尊心过于脆弱，所以，尽管已三十多岁，他却依然无法与同事们和睦相处。原因是，不管是在学术问题具体讨论上，还是在工作方案的安排上，甚至就连一些对日常琐事的处理与安排上，只要他人与自己意见不合，他便会感觉面子受损，一点也无法容忍，更会立时发作起来，非要他人按自己的想法去做。不然，他便会不依不饶，甚至会恶语加向。

在卡登看来，他永远比别人高一等，自己的意见必然是正确无误的，他人只有听从的份儿，否则便是在反抗自己、与自己作对。而这些，都是为了满足自己那过于脆弱的自尊心。

在研究所中，与卡登相处稍久一些的人，无不对其敬而远之。而每一次的工作任务安排时，鲜有人愿意与之组队，搞得上司对他也极为头大，甚至连他自己也认为，自己受到了轻视。

卡登的浮躁是因为自己能力有限，暴躁是因为自己都不认可自己，急躁则是因为外界与自我无法和解。这便是过于脆弱的自尊所带来的残酷人生。

在哈佛心理学家看来，人的心理是否健康，并不仅仅取决于一个人是否能够被社会所接受，同时还取决于他是否能够被自己所接受。他人的赞誉与尊重，固然可以使人的自尊得到提升，但是，最高级的自尊永远来源于自我的内在尊重感，即自我价值获得实现的感受。

从这一意义上来说，我们的自尊由“自敬”与“自信”组成。“自敬”

是对自我的肯定，它很难通过外界的肯定获得。“自信”则是自我在应对生活挑战时所表现出来的胜任感。面对挑战，便意味着某种自己不擅长的难局。一味地待在自己习惯的舒适区中，如何去迎接挑战？而一味回避挑战，便无法获得胜任感。

我们需要了解的是，自尊心固然是人与生俱来的心理要求，但却从来不是天上掉下来的免费礼物，而是自己需要先付出一些代价之后，才能获得的一种“自我认可与满足感”。

许多人并没有意识到，那些整日在自己脑海中存在的、负面的、不利的、干扰性的无关想法，对于自己的人生将会产生多大的害处，而很多人同样认为，自己并没有办法对这些负面的、能够损害自尊的想法进行控制。事实上，人的一生中，能够控制的、为数不多的几件事中，便包括了控制思想。若你不去控制自己的思想与情绪，那么，它便会被种种外因所控制，而这将会让你的自尊变得格外脆弱：你会因为他人的一个轻蔑的眼神、一句否定的话语而陷入软弱的人生中。

想要摆脱这种人生，你需要按以下步骤，来逐渐地构筑健康的自尊：

1. 整理自我思维

当你陷入对某些事情的思考中时，不如问问自己：我的思维现在正走向何方？是仅仅围绕着问题本身不断地原地打转，还是集中精力，去寻找能够解决问题的方法？

要记住，只有那些能够给问题提供解决方案的思想才是有用的，若是仅仅围着问题兜圈子，对你的自尊毫无益处。

2. 找出自己的个人成就

我们都有这样的错觉：回忆过去的失败或者难堪的经历，要比回忆所获得的胜利更加容易。但是，自信来自于你所获得过的成功。面对压力或不堪的时刻，你应先对自己已经获得的成就进行回想，这将对你改变自我糟糕的处境有极大的帮助：积极的思想可以让你感觉良好，也将提升你的处事能力。

你应该列出自己的十项成就，虽然这有可能会花费你很长的时间，但是如果你在心里记住这些成就，并时常提醒自己近来成功做完的事情，你的人生便会轻松很多。

3. 让自己理性地预期

在接受残酷的考验以前放松自己通常不会有好的效果，因为你的大脑正在对你说着有关准备方面的事情——你还没有充分地准备好。心理软弱的人并不会正确地让自己根据要求进行准备，因为他们无法预期要求是什么。而理性的预期则是将现在的情况与过去发生的事情进行类比。

理性预期可以增强我们心理的强韧度，因为最不确定的事情，通常就是我们未曾去预期的事情。你应学会这样尝试：当你准备解雇某人，而你从前从来没有解雇谁的时候，理性的预期会帮助你收集此类事情有可能发生的最坏情况，然后，你将寻找改进这些坏情况的方法，同时根据被解雇者的个性来恰当地想象。

4. 尝试在压力下工作

身处压力与问题中时，往往能够从中汲取到坚韧的力量。你应这样做，每天找一些简单的、但是对自己有挑战意味的方法来磨炼自己。如果你畏惧在公众场合发言，那么，你就应该养成在公众面前提问的习惯，这可以使你从一个侧面去面对自己的恐惧，同时也能让你渐渐地学会去适应在更大的场合中发言。

5. 多看到好的方面

如果你总认为自己的生活比别人都不幸的话，那么，你便很难保持心理健康。真正的强大者可以试着从最糟糕的环境中看到最好的希望，并会反思："如何才能让人生更完美？"因此，当你面临危机时，应想一下，你的生活将会获得怎样的好的转化——如果你失去了工作，想象一下：待在原公司，对你来说也许并非最好的选择。

让自己建立起健康的自尊并非一挥而就的，最好的做法是，让自己在诱惑与挑战面前变得坚定与坚强，并将积极的做法形成自我习惯。一旦你能够让自己积极的思想将消极的思想排除掉，你便离自强、自尊与自信更近了一步。

想要强化激情、增加自信，你可以尝试如下方法：

· 笔直站在镜子前，做三到五次深吸收，直到对自己的能力与决心有了新的感受；

· 凝视自己的眼睛，告诉自己你想要的东西的名字，并明确得到的决心；

· 将那些确实代表自己期望的事情的口号或可以激励自己的格言写在镜面上，每次照镜子时念几次；

· 每一次站在镜子前面时，都告诉自己："我会成功，没有人可以阻挡我。"

自尊就如同个人思想的骨头，没有这块骨头，人便会无法直立。但是，若自尊心过强，便等于是思想的骨质增生，也会造成不健康。自尊心过强者，总是过于爱面子，虚荣心过强，会过分在乎他人对自己的看法与态度，他们无法平静地按自己的思想生活，而是任凭他人的评价来判断与左右自己。可以说，在很大程度上，我们的浮躁、急躁与暴躁，都是因为自尊太强而又过于脆弱造成的。

7. 看不起卑微的自己

自卑是一种消极的自我评价或自我意识。一个自卑的人往往会过低地评价自己的形象、能力和品质，总是拿自己的弱点和别人的优势比，觉得自己事事不如人，在人前自惭形秽，从而丧失自信、悲观失望、不思进取，甚至堕落沉沦。

自卑的人总感觉处处不如别人，自己看不起自己，“我不行”、“我没希望”、“我会失败”等话总是挂在嘴边。自卑的人又往往自尊心极强，自卑与自尊经常会发生冲突，这种冲突造成了极其浮躁的心理。

谁都曾有过自卑的念头，但千万不要让这种危险的念头主宰了你，你要相信，你一定能够战胜自卑。

1951 年，英国人富兰克林从自己拍的极为清晰的 DNA（脱氧核糖核酸）的 X 射线衍射照片上，发现了 DNA 的螺旋结构，就此还举行了一次报告会。然而，富兰克林生性自卑多疑，总是怀疑自己论点的可靠性，后来竟然放弃了自己先前的假说。

可是，就在两年之后，霍森和克里克也从照片上发现了 DNA 分子结构，提出了 DNA 的双螺旋结构的假说。这一假说的提出标志着生物时代的开端，因此获得 1962 年度的诺贝尔医学奖。

假如富兰克林是个积极自信的人，坚信自己的假说，并继续进行深入研究，那么这一伟大的发现也许会永远记载在他的英名之下。

球王贝利初到巴西最有名气的桑托斯足球队时，他竟然也害怕那些大球星瞧不起自己。他本是球场上的佼佼者，竟因紧张而一夜未眠，无端地怀疑自己，恐惧他人。后来他设法在球场上忘掉自我，专注踢球，保持一种泰然自若的心态，从此便在自信和阳光的“召唤”下，以锐不可当之势进了一千多粒球。

富兰克林和贝利的故事告诉我们：沉浸在自卑里不能自拔，情绪低落，只能毁了自己。相反，给自己以自信，没有什么事情是办不到的。

许多人耗尽一生的心力去奋斗，打败了这个人，打败了那个人，在关键时刻却常常过不了自己这一关。所以，有人说，我们最大的敌人其实是自己。一个人在关键时刻不自信，怀疑自己，贬低自己，就容易与宝贵的机会失之交臂。因此，紧要关头，一定要努力挖掘自己身上的优点，信心百倍地迎接挑战，在搏斗中征服困难，续写人生的辉煌。为此，我们要从下面几个方面努力：

1. 正确认识你自己

只有认识了自己，才能愉快地接纳自己。人对自己的认识不只是一种抽象的想象，它常伴有情感，伴有自我评价，比如对自己是好感还是恶感，是满意还是不满。要肯定自己必须欣然地接受自己的一切，不能排斥自己、欺骗自己、拒绝自己，更不能怨恨自己。正确认识自己才能自我悦纳，心情开朗，而另一些人则经常自苦、自危、自惭、自卑乃至自毁。

2. 把眼光集中在自己的优点上

时常问一下自己，我的长处是什么？我的优点有哪些？要好好思考一下这些，从而对自己能有个深刻的认识。如果你把注意力集中在自己的优点上，多做自己擅长的事情，发挥所长，工作自然会有出色的表现，这些都能增强、支撑起你的自信心。

3. 学会自我欣赏与自我激励

懂得自我欣赏的人更能充满自信，懂得自我激励的人则能突破困境。把你曾经做好的工作或成就，列于纸上，来一个自我欣赏。这时，你将发觉自己突然信心十足，办事能力也胜人一筹。

“天生我材必有用！”从自卑的陷阱里走出来吧，潇洒地走进人群。如果你能够以积极的情绪消解内心深处的不必要的自卑，你就能真正成为自己的主人。相信自己，对未来心怀美好的憧憬，你一定可以成为自己人生舞台上的主角。

8. 成功欲太高，又急于求成

卢卡斯在职场跳槽了不下十次，在一次同学聚会上，他这样诉说自己的苦闷：“毕业以后，看着同学们混得越来越出色，我一直心神不宁，老想着出去闯闯。于是，我辞掉了原来的工作，开始不断地寻找更好的工作。但在新单位里，谁愿意一下子就给新人重要的任务？可是，我就想一鸣惊人！我就想成功！一旦得不到机会，我就会立即跳槽。就这样，换了好几个单位，不是这家公司起薪太低，就是那个单位不懂得欣赏我的才能，反正，找个适合的工作真是太难了！”

在一家保险公司从事销售工作的瑞贝卡，在入职以后工作一直很顺利。可是，最近因为工作方面遇到了一些不愉快，再加上自己的性格本身比较急，所以，她在和同事、客户交流时，语气总是会很急。在忍耐了一段时间以后，同事与客户集体向上司反映：瑞贝卡不再适合担任销售工作，因为她没有足够的耐心去处理工作中出现的问题。瑞贝卡也很委屈，她并没有什么坏心眼，只是太过急躁。

生活中，我们经常会见到这样的人：他们做事缺乏恒心，过度渴求成功，总是期望一步登天。面对急剧变化的世界与他人的成功，他们未能反省自己的错误，反而一味地用他人的出色来刺激自己眼下的失败。急躁，是一种负面的情绪，更是一种不可取的生活态度，因为成功往往毁于急躁。

做事最忌急躁，人一急躁，便会心浮，心浮便不能深入事物的内部仔细地研究与探讨事物发展的规律，更不能认清事情的本质。心浮气躁，办事自然不稳，差错也会增多。踏实做人、安心做事，才是成功之道，凡事都需要有耐心，需要我们用一颗平常的心去面对。要知道，损失多源于急躁，成功更需要耐心。

急躁是神经系统过于兴奋或冲动的情绪表现，在急躁的时候，我们往往无法慎重地行动，结果也往往会事与愿违。引发急躁的原因主要可以归为以下几点：

1. 眼高手低，准备不足

每个人都渴望成功，这本是无可厚非的。但是，有些人却无法正视自身的情况，总是对自己的人生抱有过分的期望。眼高手低、愿望大能力小的情况下，期望与结果的巨大差异，便会使急躁情绪产生。

2. 时间不足，耐心不够

有时候，我们会为自己设立一个伟大的目标，但是，在设定实现目标的期限时，却会忘记让时间与目标相匹配。在时间流逝中，看着目标依然遥远，由此产生的急躁便会对人的持续努力造成妨碍，最终影响目标实现。而那种期望通过“短期突击”立见成效、经过一阵子奋斗便一鸣惊人的想法，本身就是不现实的。

3. 对人生缺乏足够的认识

人生之路漫漫，我们需要了解的是，并不是做每一件事情都能够一帆风顺，在遇到挫折的时候，若我们无法正确地面对，并及时进行调整，那么，急躁便会逐渐地蔓延，并会愈演愈烈，使情况进一步恶化。

急于求成的心理往往会伴随有情绪上的混乱，这使平静的心态被打破，同时也使我们的生活增加许多的麻烦。首先，这种心理会扰乱工作节奏，造成时间的浪费。急躁时，人往往无力对工作进行全盘的考虑，仓促上阵时，便会出现工作上面的混乱状态——表面上看起来，好像忙得不可开交，结果，却使简单的事情变得更加复杂，并会在乱中出错，使时间被大量浪费。

其次，急躁容易使人因为失败而灰心。急躁的人往往因为未进行周密的计划，未能等到时机成熟便过于急于求成，经常会出现有机遇却把握不了、有利战机出现却没办法立即行动的情况，导致行动失败。为了挽回失败的后果，人又往往会过分蛮干，结果自然会头破血流。随后，便会陷入因失败而导致的悲观失望里，不愿意再进一步努力。

再次，急躁所产生的负情绪容易对身心形成损害。长期的急躁、过分地奢望成功，会造成身心过分疲惫：因为压力过大，大脑长期处于兴奋状态下，得不到休息，机体其他功能的协调发挥也会受到影响。

人生是一场马拉松，你不能太急躁，更不能奢望一步到位。坚持与耐心是我们在人生中最需要的精神力量。我们必须要有足够的耐力，并要善于等待，否则便不可能有成功的机会。学会放下急躁、放下对成功的过度渴望，才有可能一点点积累起属于自己的成功资本。

在发现自己过于急躁时，按以下步骤进行处理，可能会带来更好的结果：

- 降低自己的期望，不绝望，但也不幻想；
- 缓解自己的压力，找一些能够让自己放松的事情去做；
- 听听舒缓的音乐，或者与好友、家人打打电话，倾诉一下烦心事；
- 不去想结果，而只是在过程中不断地努力，让自己只专注于“现在”。

在人的所有弱点中，最不可取、最有可能导致失败的，便是急于求成、急功近利。做事过分求快，便会在追求速度的同时，忘记了为事情赋予更优的质量。急躁的人往往有这样的特点：他们比一般人更渴望成功，同时也期望能够通过自己的努力获得成功，但是，在如何获得成功的心态与具体的行为上，他们显得比普通人更有欲望——过高的成功动机引发过大的成功欲望，可是，过大的欲望却往往会导致行为出现偏差。

9. 一颗按捺不住的浮躁的心

36岁的丹尼尔在接手公司的区域管理任务后，决定为自己拟定一个年度计划：在春季，实现人员的全大学生制；在夏季，让整个区域的销售额上升50%；到秋季，让公司产品实现50%的覆盖率；在冬季，向公司交出一份合格的考卷——整个区域销售额的翻倍上升！

可是，在进入五月份后，丹尼尔便发现，自己的计划并没有像预期中那样实现：虽然销售人员已经实现了全大学生制，但因为公司的薪金制度不合理，导致人员流动性过大，新员工往往刚刚熟悉工作流程，便已经跳槽去了待遇更好的公司；至于50%的销售额上升，更是遥遥无期，他的团队到现在连公司制定目标的一半都没有实现！

此时，丹尼尔越来越不安：这样下去，自己这个区域经理到不了年底就要下台了，长时间的付出眼看要付诸东流，他表现得越来越沉不住气——看到表现不好的员工，立即开除；对表现较好的员工，又太多溺爱，这导致整个团队呈现出了一片混乱的局面。

由心而乱，由乱生乱，在秋季还未结束时，丹尼尔便因为团队管理出现了大问题，不得不向公司提出了辞职申请。

浮躁是肤浅的姐妹，是虚荣的挚友。一旦浮躁之心产生，种种杂念便会惑乱我们的心，使我们对事物整体的理智见识被蒙蔽，而这种蒙蔽会使理性无法发挥作用，而任由负面的感情不断地发泄。就如丹尼尔短暂的经理生涯一般，浮躁会使我们在错误的道路上渐行渐远却不自知。

我们渴望成功、期望获得成就本身是正确的，但是浮躁的心态却会让这种期望与渴望引发错误的行为，使自己的成功道路上增添障碍，因为成功需要沉淀，而浮躁却是沉淀的反面，更是成功的绊脚石。无法踏实地做事、总是急于求成，会使我们越来越多地失去成功的机会。

浮躁者多半有轻浮、做事无恒心的表现，他们习惯于见异思迁，不愿意安分守己地做事，而总是期望通过投机取巧来成功。在这个浮躁心理日益盛行的时代里，我们可以看到浮躁所产生的原因：

1. 科技的发展、信息的发达导致浮躁

日新月异的科学技术使我们的生活节奏变得越来越快，我们无法再像过去的先祖们一样，一壶酒、一碟小菜，便可与友人畅聊整个下午。现在，我们更追求效率、速度与解决问题的捷径。在追求这些的同时，我们往往会忽略了等待与耐心的重要性，甚至会不惜一切代价地去投机取巧。最终，人与人之间的交流变得越来越少，我们变得越来越自我与独立。

2. 愈演愈烈的竞争与越来越大的工作压力

如果说高科技仅仅是一个间接原因、一个诱因的话，那么，压力与竞争便是浮躁产生的直接原因。竞争会促使社会优化，而这种优化的意义只有一个：向个人提出更多的要求。我们不能坐以待毙，更不能守株待兔或坐享其成，因为我们所渴望的一切都需要自己去争取、去赢得。这是一个非常现实的问题。可以说，人际间的冷漠与残酷，都是浮躁心理所导致的不良后果。

3. 畸形的快餐文化

在这个时代里，充斥了太多的“伪科学”。太少的心灵净化类读物，太多的理财、投资、成功学书籍，新奇的标题、离奇的情节、夸张的形式，使我们对此类文化根本无法抵抗。在物欲涌动的今日，我们对这些快餐文化变得愈加束手无策，在默默接受的同时，它们能带给我们的，除了浮躁，还是浮躁。

4. 自我的不安

不管外界如何变化，最能够影响个人的，还是自我的内心想法。有些人在各种外力的冲击之下，依然可以保持恬静的心态，他们可以做到大隐隐于市，但是，有些人只要感觉到环境出现了细微的变化，便会对现状不安。可以说，内因才是引发浮躁心理的最根本原因。与他人的攀比、金钱至上的想法、一夜暴富的想法，都在影响着我们焦躁的心灵。

浮躁是幸福、快乐与成功的最大敌人，从某种意义上来说，浮躁不仅是人生的大敌，更是各类心理疾病的根源，它所呈现出来的表现方式多种多样，并已渗透到我们的日常工作与生活中。可以这样说，我们的一生，便是与浮躁进行斗争的一生。

在与浮躁进行斗争的过程中，运用一定的技巧，会让我们对人生增加掌控。

1. 有理想，也要有行动

有些人每天都会为自己设立不同的理想与目标，他们也会幻想，若这些目标实现，自己的人生会拥有怎样的美好变化。但是，他们从来不会想，应怎样去实现这些目标，不愿付出而导致半途而废是他们经常性的结果。但事实上，美好的理想需要行动的支撑。

2. 不可高估自己，更不能贬低自己

有些人习惯将自己的能力看得很高，认为自己无法成功是因为时机问题。他们不安于现状，结果一事无成。另有一些人认为自己能力不足，在面对挑战与机遇时，过分犹豫，导致机遇流失。但是，正确地对自我进行定位，清楚地明白自己所拥有的优势与劣势，扬长避短，才是获得成功的关键。

3. 不进行恶性的攀比

有时，与他人比较可以看到自我的不足，使人的斗志被激发，促进自我为美好的明天而奋斗，这种攀比是良性的，更是追求更好自我的一种正确方法。但是，若单纯地为了满足虚荣心，为了炫耀自己所拥有的一切而进行攀比，便会使自己变得焦躁不安。可见，恶性的攀比是最不可取的，因为它会让你看到自己所没有的，而忽视了眼下所拥有的。

4. 让自己学着淡然

淡然并非不思进取，淡然是指能够更平静地面对自己的荣耀与失败，使自己坦然地面对变故。在这种心境里，对自己的原则进行坚持，冷静地分析自己所遇到的问题，踏实地坚持自己的道路，如此，浮躁便无法困扰你的人生，你的心灵也会获得宁静。

如果你想知道自己是否有浮躁心理，可以通过以下几个小问题来判断：

· 你经常心神不宁，非常恐慌，对自己、对未来毫无信心；

· 你总是焦躁不安，习惯与他人攀比；

· 在行动之前，你总是缺乏思考，或者不愿意花时间去思考；

· 拿起一本书，你根本无法定心翻阅。

当你发现自己浮躁时，不要害怕，因为大多数人在年轻时都会浮躁。如果你恰好如此，只能表明这样一件事情：你在经历心灵上的自我成长。让内心沉静，把脚步放慢，你便会感悟并获得自己所渴望的一切。

许多人渴望成功，但是，浮躁的心态却成了他们走向成功的最大绊脚石。按捺不住自己的心，人生便会持续浮躁。

10. 过度依赖而产生的“不幸福感”

阿曼达和自己的男朋友在一起已经有两年多了，在这段时间里，他们遇到了很多事情，还有过一些稀奇古怪的危险经历，使两个人之间变得非常默契。可是不知道为什么，阿曼达最近开始过度地依赖男朋友，唯恐自己会失去他，只要男朋友一离开，阿曼达心里就怕得不得了。她也知道自己这样不好，所以心里总有种说不出的难受。现在阿曼达甚至开始怀疑自己得了精神分裂症，她真的不知道要怎么办才好。

在我们的生活中，恋人之间、夫妻之间的相互依赖，那本是恩爱、幸福的象征。可是，如果一个人，把自己的喜怒哀乐都依托在另一半的身上，那爱的天平就会失衡了，自己不会快乐，也会给对方带来负担和烦恼！如果不能给别人一片空间，两个人就会在狭小的空间里透不过气来，那么久而久之，就可能因一方的过度依赖而导致关系的“疲软”，幸福自然就再无从谈起了。

很多时候，我们习惯了依赖，不管做什么事情总是期待有人能来帮我们一把。得不到帮助的时候，我们便开始抱怨朋友的不仗义，抱怨家庭的不富裕，甚至抱怨自己时运不济，命运多舛。更有甚者，请求他人帮忙，当遭到拒绝或者未能成功之时，还有许多怨言，抱怨别人不给我们机会，或者抱怨别人不够尽心尽力。

每当这些时候，你有没有想过，别人也同你一样，都在为了生活而东奔西走，有谁理所应当牺牲自己的时间和金钱，在你需要的时候出现来拯救你呢？真正能在任何时候都愿意帮助你的人，其实只有一个——那就是你自己。

有一个女人，丈夫生病早逝，留下嗷嗷待哺的孩子。原本还算丰裕的家财也因丈夫长年病痛而耗尽，只留下了孤儿寡母和几笔一直没有收回来的债务。起初，这位母亲还期盼着亲戚朋友的帮助，可是助得了一时助不了一世。亲戚们都劝着年轻的母亲改嫁，可是看着自己尚且年幼的孩子，再想想丈夫生前和去世以后自己境遇的不同，她决心靠自己来生活。她找到了欠着丈夫债务的朋友，多次讨债未果后把他告上了法庭，最终收回了债务，靠着收回的债务缓解了经济压力。现在看着已经考上大学的女儿，她感到无比欣慰。

生活总是会给你许多的灾难，试想，如果这位母亲当时只想着得到别人的帮助而不去改变自己来对抗生活中的不幸，那么，当她所依赖的人再次离去以后，又该何去何从。事实上，在我们这一辈子里，只有自己，才是永远不会抛弃自己的，只有让自己变得更强大，才能把握住自己的命运。如果一味依赖别人，就等同于把自己的命运交托在别人的手里，让别人来左右自己的命运。命运是靠自己创造的，上帝给了我们生命和与生俱来的各种才华，我们怎么能浪费呢？

从出生开始在父母庇佑下成长的孩子是幸福的，遇到任何的风雨都有父母为你撑起一把伞。然而，生活始终是自己的，父母亲不能庇佑你一辈子，最终只能靠自己的能力去打拼出一片天地。还有多少人，从出生开始便要学会自己去生活，去面对一切困难，只能靠自己创造奇迹。每个人生活的路都要靠自己走，没有人能代替你生活下去。

曾经有一个年轻人问一位智者：“先生，都说您是智者，您能不能告诉我，这个世界上究竟有没有摇钱树？”智者沉默了一下后回答说：“有。”年轻人很高兴地问：“那摇钱树长什么样子啊？”智者说：“一棵树，五个叉，摇一摇，开金花。”听了智者的话，年轻人兴冲冲地带着这个谜语去寻找摇钱树了。那么，他到底有没有找到呢？聪明的读者应该猜到了吧。最后，年轻人在一个农夫那里寻找到了答案，“一棵树，五个叉，摇一摇，开

金花”，它就是你的手，你生命中的摇钱树！

生活是用自己的双手来创造的，只有靠自己才能开创出属于自己的天地，也只有靠自己，才能在任何时候都不惧怕困难的来临。世界上一切的法宝都掌握在我们自己的手里，与其去苦苦哀求别人，最后还落得欠下还不清的人情债，不如靠自己的双手去解决一切困难，只要肯努力，只要不放弃，最终能够克服一切的困难。

歌德曾说过：“我们虽可以靠父母和亲戚的庇护而成长，依赖兄弟和好友，借交游的扶助，因爱人而得到幸福，但是无论怎样，归根结底人类还是依赖自己。”命运的绳索要牢牢握在自己手中，依赖别人，我们不如期待自己，只有自己足够强大，才能在一切风雨中屹立不倒。

哈佛心理学教授威廉·波拉克认为，要想从根本上摆脱依赖感，除了人格独立之外，还应该注意以下几点：一是要学会享受孤独，这样才能够接受寂寞的煎熬；二是多交朋友，以转移注意力，有不同的朋友陪伴，就不再会对某一人过分依赖；三是努力尝试独自克服困难，挑战生活，从当下开始。

Class 2 掌握自己的命运，先掌控自己的情绪

作为对外界的一种心理反应，情绪时刻伴随我们左右。不过，情绪差别很大，好情绪让人愉悦、自信，是成功的助推器；坏情绪让人消沉、自卑，是失败的导火线。能够掌控个人情绪，就能管好心情，进而理好人情，办好事情。虽然自我情绪在一定程度上来源于遗传，但后天培养却在一个人的成长过程中扮演着极为重要的角色。了解情绪才能控制情绪，能够掌控自己的情绪，才能掌握自己的命运。

1. 心境决定心情

一位老和尚带着刚出家不久的弟子，云游四方。他们走了很多地方，一路上小和尚总是抱怨行囊太重，要求找个地方歇会儿。

这时候，老和尚总是说："再走一会儿吧，再走一会儿吧。"结果，他走得越来越快，小徒弟在后面奋力追赶，累得气喘吁吁。

这一天，师徒俩走了好长一段山路，经过一个村庄。小和尚实在太累了，一屁股坐在地上："师傅！我走不动了，休息一下吧！"

恰巧，一个妇女迎面走来。老和尚突然跑过去，抓住那个妇女的双手。结果，对方吓了一大跳，并立即大叫："救命啊！老和尚非礼啊！"

村里的人听到喊声，都跑了出来。看到一个老和尚在拉扯妇女，人们都义愤填膺，齐声喊打。老和尚见势不妙，赶紧松手，撒腿就跑。小和尚愣了好一会才反应过来，背起行囊飞似的跑起来！

师徒俩一路狂奔，不敢停下脚步。跑了几条山路后，见后面没人追来，他们才停下来。小和尚愤愤不平地埋怨："师父！你安的什么心啊？这是参禅悟道吗？我还是回家去吧。"

听到这里，老和尚既不生气，也不解释，只是回过头来关切地问："现在，你还觉得背上的行囊重吗？"

这时，小和尚才意识到自己竟然背着一个沉重的包袱，跑了这么久。他回答道："奇怪，跑的时候一点都不觉得重了。"

望着师父的眼睛，小和尚突然间有所领悟。原来，老和尚是在训练小和尚修行的功夫，刚才"调戏妇女"只不过是一场戏罢了。

一个人的心境不同，对身边事物的感受也不同。小和尚在奔跑过程中，由于惊慌，根本没时间考虑背上的重量，所以就很轻松。而把沉重的行囊当作一种负担的时候，他就时时刻刻感到泰山压顶了。

在生活中也一样，我们如果选择一种安宁平和的心境，就不会有那么多烦恼了。正如柏拉图所说："决定一个人心情的，不在于环境，而在于心境。"得之，不狂喜；失之，不过悲；成功，不傲于人；失败，不馁于己。不拒绝鲜花与掌声，也不惧怕风雨和泥泞。不怨天，不尤人，这样的人生必然风和日丽。

好心情是自己给自己的。心情的好与坏，心绪的静与闹，决定于自己的心境。那么，一个人的心境又是受哪些因素影响的呢？

1. 个人的价值观

一个人对世界的看法、对人生的领悟，决定了他的价值观。豁达的人，很少有烦恼的时候；感恩的人，很少有斤斤计较的时刻……修炼自己通达、向上的价值观，就容易拥有理智、成熟的观念，心情自然很好。

2. 人与事的影响

在对的时间，遇到对的人，就会兴致盎然；在对的时间，遇到不该遇到的人，则会兴趣索然；在不对的时间，遇到不该遇到的人，则会浑身上下不自在。与人和谐相处，做事圆圆满满，有助于好心情的形成，保持良好的情绪状态。

3. 身边的环境

轻松和谐的环境则会营造一种安静舒心的氛围，心随之感到惬意而满足。反之，紧张沉闷的环境则会制造一种焦躁不安的气氛，心随之感到压抑而郁闷。选择宁静的社区、营造良好的人际关系，都有助于你生活在好的环境里，拥有良好的心境。

当你心绪难平、心情糟糕的时候，不妨换个角度看问题、换个环境理清头绪，心境好了，自然能够顺风顺水，把事情处理得妥妥当当。

所谓心境，其实就是对待生活、对待人生的一种态度。乐观的心境成就快乐的人生，悲观的心境造成阴郁的人生。保持良好的心境，在人生不同阶段修炼应有的心境，必然让自己多一些开心和顺意，少一些烦恼和挫折。

2. 情绪化坏大事

世界第一潜能开发大师安东尼·罗宾斯说过："成功的秘诀就在于懂得怎样控制痛苦与快乐这股力量，而不为这股力量所反制。如果你能做到这点，就能掌握住自己的人生，反之，你的人生就无法掌握。"

很多时候，坏事的不是你的能力或智慧，而是你没有控制住自己的情绪。因为，控制好了情绪，做事才能游刃有余，扫清成功之路上的障碍。

在成功的路上，最大的敌人其实并不是任何外部的条件或是没有机会，而是缺乏对自己情绪的控制。愤怒时，不能制怒，使身边的家人朋友望而却步，无法进一步与你沟通；消沉时，放纵自己的萎靡，把许多稍纵即逝的机会白白浪费。

成就大业的人，都懂得一个道理：弱者任思绪控制行为，强者让行为控制思绪。想要在生活中更幸福、在工作上更顺心、在事业上更如意，首先要做一个能够掌控自我情绪的人，从而在理性思维的指导下明是非、知进退，甚至把坏事变成好事。

不想让情绪化成为自己人生的绊脚石，我们不妨从以下几个方面开始努力：

1. 要承认自己情绪的弱点

生活中，每个人都有他的优点和缺点、长处和短处，但不一定都能很好地认识到自己的缺点或是短处。情绪世界中也是一样，为此我们一定要认识自己情绪世界中的缺点和短处，不要回避或视而不见。有的人容易暴躁，而且一暴躁就控制不住自己。怎么办？就要承认自己有这个毛病，在此基础上再认真分析自己容易暴躁的原因是什么？在什么情况下容易激动？然后选择一些方法去克服它。这样做的好处是：可以随时随地提醒自己去克服这个情绪上的弱点。

2. 要放松自己的心情

当我们发觉自己的情感激动起来时，为了避免立即爆发，可以有意识地转移话题或做点儿别的事情来分散自己的注意力，把思想感情转移到其他活动上，使紧张的情绪松弛下来。这样不仅能放松情绪，还能让你做事更加理性更容易获得成功。

3. 要学会正确评价身边的人和事

有很多情绪化行为是因为不会正确认识、处理人与人之间的矛盾而产生的。所以，学会全面观察问题，从多个角度、多种观点进行多方面的观察，并能深入到现实中去就显得更加重要和有意义了。这样能使自己发现原来发现不了的意义和价值，使自己乐观一点；还会增加我们克服困难的勇气，增加自己的希望、信心，即使遇到严重挫折也不会气馁，不会打退堂鼓。

凡事多一些理性思考，少一些任性姿态，你就能把不良情绪这个魔鬼关在牢笼里，战胜那些企图摧毁你的力量。总之，领悟了情绪变化的奥秘，对于自己千变万化的个性，你就不会再听之任之。做人不情绪化，做事才能按部就班、圆圆满满，这样才能掌握自己的命运，成就辉煌的事业。

情绪是个顽皮的孩子，当你有办法控制它的时候，它就会为你的成功添砖加瓦；但是如果你放任它的话，它就会给你制造很多麻烦，甚至破坏了你向前的步伐。你要控制好自己的情绪，做自己情绪的主人，让你的行为控制你的情绪，而不要让情绪控制你的行为。

3. 控制情绪，激发潜能

在生活中，每当遇到各种烦心的琐事，我们都会或多或少地产生不良情绪。如果我们对这些不良情绪不加控制，便会给我们的生活带来很多麻烦，这些麻烦又会产生新的不愉快，甚至形成恶性循环。但是，这些不好的情绪如果控制得当，就能激发出你的潜能，助你成就一番功业。

其实，控制情绪是对情绪的一种选择，即抑制不良情绪，使自己转向正面、积极的情绪。如果选择正确，控制到位，就容易在复杂的局面中掌握主动权，变不利为有利，控制好情绪自然会激发更多的潜能！

艾丽是一个刚刚毕业的大学生，刚进公司的她什么都不会，不懂的事情又不愿意向别人请教，结果到公司很久却还是只能做一些简单的事。

年底的时候，公司领导把员工派到各个地方去见客户，艾丽和萨拉分在了一组。

客户是一个法国人，萨拉用流利的法语和客户聊得很投缘，可是艾丽因为法语不太好就无所事事地坐在一边，而萨拉就顺利地和客户签了下一年的合作意向书。

回到公司以后，老板把艾丽叫到办公室，说："你们去见的那个客户昨天下午打电话给我，说派去见他的两个人中一个连基本的对话都听不懂，希望我下次不要让这样不专业的人接触他公司的业务，所以我想……"

艾丽什么都听不下去了，她冲出了办公室，回到家她把自己关在房间里一直哭。她看着摆在角落里的法语书，心想：我不能这样下去了，生气、愤怒并不能解决任何事情，我要好好学法语，以后谁都不能小瞧我！

从那天以后，艾丽每天很认真地学法语。后来她成功地得到了另外一家外贸公司的面试机会，当面试官惊奇地问她为什么法语说得这么好的时候，她说："是愤怒和失败激发出我的潜能，指导我去学的。"

当然，艾丽顺利地得到了那份工作，而且还越做越好，最后成为了那家公司的骨干。

艾丽的成功真的是因为愤怒的情绪吗？其实不是这么简单。艾丽没有受到别人指责的时候是一个得过且过的人，当受到别人的批评以后，她开始出现愤怒的情绪。但是愤怒的结果有两种，一是自暴自弃，一是积极向上。艾丽最成功的不是把法语说得多么好，而是她有效地调节了情绪。在愤怒过后，她告诉自己要积极向上，才不会被人看扁，于是她通过努力，获得了更好的前途。但是如果当时她只是自暴自弃，不难想象最后她还将是老样子，甚至更糟糕。

在潜能的激发面前，很多人会把功劳归在不良情绪上，但其实真正的功臣是情绪的自我调节。如果你学不会把糟糕的情绪转化为积极的情绪，那么成功也一样遥遥无期。

怎样才能把坏情绪转化为成功的动力呢？

1. 正确评价自己，不要过高或过低地看待自己

对自己有清醒的认识，才能在绝望的时候不放弃自己，失落的时候不小看自己，顺利的时候不高估自己。对自己有正确的认识，做自己可以胜任的事情，对自己有一个合理的预期和评价。这样你才能在不断的进步和成绩中一步一步走向成功。

2. 培养独立的人格，做自己的主人

认识自己的原则，知道什么是你坚持的，什么是你不能容忍的。人云亦云并不能帮你找到解决的办法，反而会让你陷入迷雾之中，最后一点一点地迷失了自己。在你不知如何选择的时候，可以告诉自己"我是在为自己生活，而不是为了别人"。

3. 多发现亲人朋友对自己的爱和帮助

无论是成熟的大人还是孩子，都需要他人的帮助，而家人是你最忠实的支持者，也只有家人的爱才是最无私最温暖的。多发现他们的爱可以让你更有信心面对生活中的困难和挫折。

4. 多角度审视自己，发现自己的美

每个人都需要在多角度中审视自我、调整自我，不断发现身上的优点，以此鼓励自己，指引自己，并不断地朝理想和成功迈进。

很多时候，成功就在一念之间，而“一念”却来自于你长期的自我情绪调节。把情绪带到阳光下，就能发挥你无限的潜能，走上人生的康庄大道；相反，把情绪带到阴暗潮湿的环境中，你只会越来越消极。所以情绪的控制很重要，只有把情绪控制在一个好的范围里才能激发你无限的潜能，获得成功。

4. 了解个人的情绪周期

在年少时，我们经常会对自己的情绪感到莫名其妙：为什么有时候自己的心情会变得毫无由来的差？在干什么事情时都无法提起劲来？而且这种情绪往往会持续一段时间。其实，就如同一年分为春夏秋冬四季一样，人的情绪也会出现周期性的变化。

“情绪周期”是指个人的情绪高潮与低潮交替过程中所经历的时间长短，它反映出的是人体内部的周期性张弛规律，这种规律也被称为“情绪生物节律”。若个人处于情绪周期中的高潮阶段，便会表现出强烈的生命活力，对人和蔼可亲，感情丰富，做事认真，容易听取他人的意见，接受他人的规劝，反之，则容易产生急躁心情，对他人的建议动不动便会产生反抗情绪，总是喜怒无常，时不时有孤独与寂寞感出现。

哈佛大学校长德鲁·吉尔平·福斯特在到中国北京大学进行访问时，曾经讲述过自己的一段亲身经历。

有一段时间，他对所有的事情都失去了兴趣，并厌倦了总是坐在办公桌前处理文件的生活。这一天，他终于下定决心，向学校请了三个月的假期，然后告诉家人：不要问我去了哪里，每个星期我都会给家里打个电话报平安。

处理好一切之后，他只身一人去了美国南部一个不知名的小村庄中，趁着假期，去尝试着过起了另一种全新的生活。在那里，他做了各式各样的工作——去给饭店刷盘子、到农场给别人打零工。有时候，他会与工友们一起坐在田间地头偷懒聊天，并会背着老板躲在角落里面抽烟，这些都让他获得了一种前所未有的愉悦。

最后，他在一家餐厅找到了一份刷盘子的工作，但不幸的是，这份工作他只干了四个小时，老板便将他叫了出来，给他结了账。饭店老板对他说："可怜的老头，你的刷盘子速度太慢了，我不得不解雇你。"于是，这个"可怜的老头"重新回到了哈佛校长室。

再次回到自己熟悉的工作环境以后，他却感觉以往熟悉的一切都变得新鲜了起来，工作没有了无聊，重新成为了一种全新的享受。这三个月的时间就如同一个淘气的孩子搞了一次恶作剧一样，不仅新鲜，而且刺激。重点在于，拥有了这样的经历以后，在他的眼里，一切就如同儿童眼中的世界一样，充满了乐趣。

每一个人都会存在情绪周期，不管你是哈佛校长，还是普通的路人甲。至于为什么正常人也会间歇性地出现不同程度的心理异常，主要是由下面几个原因造成的：

1. 在与周围的世界进行交流的过程中，总是会不可避免地发生各种负性情绪，一旦这种"情绪积累"达到了一定的程度，便很容易出现身心失衡，此时，便需要通过适当的方式来进行宣泄；

2. 若工作与生活的压力超出了身心所能承受的负荷，情绪也会发出反抗；

3. 天象也会影响情绪周期，最明显的是"潮汐"，而月亮的盈亏也会令个人的情绪出现明显的起伏；

4. 特殊的性格、不同的环境、一些突发事件也往往会为心理异常埋下"伏笔"。

哈佛大学心理实验室曾经进行过一项研究，研究结果表明：人类的情绪周期平均为五个星期：即一个人的心情由兴奋降至沮丧，再回到高兴，往往需要五个星期的时间。每个人的情绪周期不同，有些人的周期较长，有些人的周期则较短。周期的前一半为情绪高潮期，后一半时间则为情绪低潮期。当情绪由高潮向低潮过渡或者由低潮向高潮过渡期间，往往被称为"临界期"，一般为 2 ~ 3 天。在临界期到来时，情绪会变得格外不稳定，机体各个方面的协调能力变差，容易发生各类事故。

若你希望了解自己的高潮期与低潮期，可以按以下方法来进行：以一年中的7月为例，将纵坐标标为日期，从1号排至30号，将横坐标标为不同的情绪指数，其中细分为：兴高采烈、快乐、感觉还行、平常、感觉不佳、伤心、沮丧焦虑。

每天晚上，你都可以花一些时间，去细细回味一下当天的情绪，并在这种情绪相符合的一栏打入记号，过些日子以后，再将这些记号连接起来。不久以后，你便可以发现一个模式，而这一模式便是你的情绪韵律，这一结果通常都会非常准确。

如果你可以将这个小实验持续几个月的话，你便会惊讶地发现，什么时候是你的情绪高潮期，哪几天是你的情绪低潮期。在了解了自我情绪周期变化以后，你便能够对自己的情绪变化进行预测，同时对自我行为进行相应的调整。

当自己处于情绪高昂期时，注意让自己三思而后行，遇事不可过于兴奋，更不能随意进行承诺。在这一时期，多为自己安排一些难度较大、较为复杂的任务，使多余的精力可以得到最大程度上的利用。

当处于情绪低迷期时，多鼓励自己，这样的情况马上会过去，让自己打起精神来面对生活。多出去走走，多去参加体育锻炼，不断地放松自己，放宽心情，多进行一些健康、有益的活动。有了烦心事时，多向朋友、家人倾诉，寻找心理上的安慰与支持，顺利地度过情绪危险期。

情绪周期是个人情感变化的晴雨表，需要注意的是，工作、生活环境的变化，长时间处于紧张工作与不规律生活下，也会使情绪变得压抑，若无法及时宣泄的话，这种情绪在到达了一定的极限以后，便会不自觉地转化为烦闷与急躁。如何处理这种负面情绪，是你能否走出情绪周期负面影响的重要所在。

5. 幸福生活离不开好情绪

美国首任总统乔治·华盛顿说过：“一切的和谐与平衡、健康与健美、成功与幸福，都是由乐观与希望的向上心理产生与造成的。”

在纷繁复杂的生活中，或许我们曾经迷惘、曾经失落、曾经愤怒、曾经怨恨……而事情的结果往往也是不堪回首的。想要一个幸福的生活，没有失望、没有忧伤，这看起来似乎很难，其实一切根源都在于你的情绪。好情绪自然为你带来幸福生活。

有这样一个女孩，她生性乐观积极，也很懂得生活，更知道要如何排解自己的不快。清晨醒来，她会对镜中的自己大声说：“今天是个好日子。”即使昨天的坏情绪尚未恢复，她还是会大声地这样说。

然后刷着牙，想着刷牙是一件非常令人愉快的事，牙齿将变得洁白干净，不会受到蛀虫的侵袭，口气清新。

洗脸也是一件非常愉快的事，因为清水的湿润，会使皮肤感到无比的舒畅。这都使她的脑细胞感到无比的欢快。

她把身边的每一件小事都想象成美好愉快的享受，永远用积极快乐的心态去看待生活，这就是她拥有幸福的秘诀。

有的人一生追求幸福生活，却总是不快乐，女孩的态度是否给了你一点启示呢？所谓的幸福不是家财万贯、叱咤风云，而是拥有一个好心情，有了这么一个大宝藏，就算生活拮据、就算有些不如意，也可以一样的幸福快乐。

幸福其实可以很简单，只是许多时候我们不自觉地使生活变得复杂。疲惫时听一首自己喜欢的歌曲，陪着家人散散步，或者陪着孩子看一部孩子喜欢的动画片，你会发现原来如此不经意的事物，也流淌着幸福的气息。

不同的情绪会呈现不同的世界，不同世界的人的情绪完全不同：一个世界的人只看到黑暗和悲伤；而另一个世界的人看到的却是生活所给予他们的一点一滴的快乐，在他们眼里，一切平凡的事情都会变得美好，风雨过后总会有彩虹，黑暗过后就会有黎明。这也是为什么第二种人生活得更加幸福。

可见，不同的情绪、不同的看法会对生活产生不同的结果。一个人对生活的看法会决定他的一生，甚至能决定一个人的成败，好情绪自然会为你带来更多的机遇和好运，而坏情绪则会一直阻碍你获得成功，让你终日生活在悲伤中。

那么我们应该怎样在纷繁复杂的生活中锻炼出自己的好情绪呢？

1. 培养积极的思维方式

哈佛一位心理学专家说："努力对别人感兴趣吧！这样你不但会让对方高兴，而且能使你从消极的情绪中解脱出来。"积极的思维方式具有化腐朽为神奇的效果。有关实验表明，那些在绝境中依旧积极乐观，甚至能够开玩笑的人，比那些消极脆弱，只知道哭泣的人更容易摆脱困境。所以在困境中，微笑比哭泣更能解决问题。

2. 学会让坏情绪变成前进的助力

可以把不好的情绪转化为对自己有利的动力，就像上面例子中的女孩一样，把每一件事都当作好情绪的开始。也许今天阴雨绵绵，这时候你就可以和自己说："今天皮肤有点干，这种天气正好可以为我的皮肤补水。"简单的转换就能获得好心情，何乐而不为呢？

3. 走进大自然，让情绪得到放松和缓解

中国古人一直强调"天人合一"，这其实是在教我们亲近自然，在享受自然的时候把心情放松。在印度瑜伽里也鼓励人们到户外空气清新的地方练习，这样效果更好。当你受不了城市压力的时候就主动走进自然，让情绪也呼吸一些清新的空气。

一个善于控制自己感情的人会经常锻炼自己的情绪，从锻炼情绪的过程中发现一种惬意、畅达的感觉，从而提升自己的修养，感受幸福的生活。幸福的生活不在别人手中，不在别人口中，而在自己的心中。相信好情绪会为你带来好生活，不断地获取好心情，才是你幸福生活的保证。

6. 心情愉快，健康常在

人的情绪不仅能够影响人的心理状态，也能够影响到生理活动。比如：高兴时，心理状态良好，会眉开眼笑；伤心时，会悲观失望，痛哭流涕，眼部肌肉紧缩；气愤时，心理状态会失控，横眉怒目，咬牙切齿；害羞时，心灵之窗会自动半掩，血流加速，面红耳赤……

同样，一个人的生理状态的好坏也会对情绪产生影响，身体健康则不容易产生消极情绪，身体不适则容易情绪低迷或消极。比如：一个人如果前一晚休息充分、睡眠充足，早上醒来的时候他的心情会很好，甚至可能哼着歌洗脸、梳头；一个饱受饥饿折磨的人，很难快乐；同样，一个生命垂危的人不会兴高采烈、信心百倍。生活中，身体健康与情绪相互影响的例子也比比皆是。

美国曾经发生过一起耸人听闻的案件，一个原本性格随和、温文尔雅、待人有礼，与身边的人相处融洽的青年莫名其妙地用枪把自己的家人打成一死三伤，随后，又跑到大街上，用冲锋枪攻击路人，酿成死伤 30 多人的惨剧。

警方将其击毙后，做结案时，一直找不到他的犯罪动机。后来，一位法医专家找到了原因：在这名青年的颅内长了一个肿瘤，进而引起了大脑的情绪功能组织的病变，进而使他的情绪变得暴躁、冲动，成为了一个嗜血的杀人魔头。

身体的健康状况会影响到情绪的好坏，同时，人的情绪也能够通过影响人的心理状态来对人的身体健康产生作用。

心理学家巴甫洛夫为了研究情绪与健康的关系，做过这样一个实验：他给狗看两种图形：圆形和椭圆形。给狗看圆形时，给它一份食物；给它看椭圆形时，电击它一下。若干天以后，狗就形成了条件反射：见到圆形，就摇头摆尾、流口水、十分高兴；见到椭圆形则紧张害怕，准备逃避。

后来，巴甫洛夫将圆形一点一点地向椭圆变，将椭圆形一点一点地变圆。起初狗还能分辨，并做出相应的反应。然而，当这两个图形越来越相近，以致难以区分时，狗就开始惶恐不安，无所适从，在笼子里四处乱转、大声号叫，出现厌食、肌肉痉挛、呕吐等症状。

一段时间以后，狗出现皮肤干燥、脱屑、脱毛、溃疡等症状，甚至身体还开始长出各种肿瘤，比如甲状腺瘤、膀胱癌、肺癌等。

从上面对动物的实验中，我们可以看出长期的惶恐不安促发了身体病变的发生。情绪与身体健康有着密切的关系。良好的心理状态能对人体的生命活动起到良好的促进作用，可以增强免疫力，使人健康、长寿；而消极的心理状态会对人体的生命活动产生消极影响，甚至会造成身体状况恶化。

哈佛著名家庭经济学家海伦·科特雷克研究发现，负性情绪影响体内营养素的吸收利用。科特雷克认为，经常在紧张情绪状态下生活的人，心跳加快，血流加速。这种加大负荷的运行，必须消耗大量的氧和营养素。而且，处于紧张状态下的人体器官，特别是全身肌肉，在消耗比平时多出 1 ~ 2 倍营养素和氧的同时，又会产生比平时多得多的废物。要排除这些废物，内脏器官得加紧工作，又必须消耗氧和营养素，从而造成恶性循环。

中国古代也有很多关于情绪影响健康的说法，比如“内伤七情”说，认为当人的“喜、怒、忧、思、悲、恐、惊”七种情绪过度时，就会产生生理疾病。《黄帝内经》中就有“怒伤肝”“思伤脾”“忧伤肺”“恐伤肾”的记载。

现代医学对此也做出了详细的解释，专家们通过研究发现，当人的心理状况不好时，体内的内源性皮质类固醇含量会增加，从而使淋巴细胞的机能下降，同时对免疫球蛋白产生抑制，干扰白细胞活动，降低抗体活动能力，使身体的免疫力下降，从而导致疾病发生。

较长时间处在抑郁中的人，因中枢神经系统指令传导受阻，胃中消化液分泌大量减少。缺少消化液对胃壁的刺激，人的食量会锐减。由于消化液减少，缺乏消化酶对营养素的分解化合，有时虽不发生腹泻，亦难使营养素在体内消化吸收。由于体内营养素缺乏，身体会发生种种生理不适，而这些生理不适，又会加重其心理不适，使抑郁更为严重，从而也造成恶性循环。

根据身体和情绪的这些对话，我们不难看出：积极的情绪状态可以增强人的抵抗力，消极的情绪状态则会对身体构成一定的伤害。因此，即使只是出于对健康的考虑，我们也一定要让自己保持好情绪，用健康的信念来呵护我们的身体。

7. 好情绪缘于自我管理

一个懂得自我管理的人在受到挫折时不会垂头丧气，在成功时不会趾高气扬，在冲动时不会横冲直撞。为什么自我管理有如此神奇的魅力？因为良好的自我管理能培养出一个好的情绪，而好情绪又可以帮助自己管理好行为，由此形成了一个良性循环，不断地促进自身的进步和成长。

弗兰克是一个工作能力很强的人，但是从小他就有一个坏毛病，就是遇到不顺心的事就喜欢摔东西。

一次，弗兰克拿着自己辛辛苦苦弄好的策划书去给客户看，结果客户不但不满意，还挑了一大堆毛病。弗兰克回来以后生气地把策划书往桌上一摔，然后又拿起别的东西重重地摔了几下，弄得整个办公室的人都看着他。

第二天，弗兰克就收到了一封解雇信。当弗兰克生气地问老板怎么回事时，老板说："我不能让一个连自己情绪都管理不好的人来接触我的客户。"

每个人都会遇到一些不顺心的事，能否合理地发泄、管理这些坏情绪直接反映出一个人的素质高低。弗兰克面对坏情绪，选择了一种极不恰当的方式来发泄，这体现出他不善于情绪的自我管理，放任情绪肆意破坏事情的发展。

一个能管理好自己情绪的人当然就能获得更多成功的机会，能得到更多贵人和机遇的青睐。

艾达是一个化妆品售货员，有一天她遇到一位女士，非常挑剔，艾达已经为她推荐了好几款化妆品了，但是她不是嫌太贵，就是觉得不够好，最后竟然开始责备艾达："小姐，作为一个售货员，你太不专业了，不能为顾客挑选到合适的东西，这是你严重的过失。"

大家心里都为艾达鸣不平，以为艾达一定会狠狠地骂一顿这个不讲理的顾客。但是艾达居然还是微笑着对这位女士说："真的对不起，没有为您挑选到合适的产品，不如您再把要求详细说一说，我多为您推荐一些好吗？"

几天以后，艾达被升为这个化妆品的部门经理，原来那天那个难缠的女士是这个化妆品品牌的总经理。当总经理问艾达为什么不生气时，艾达说："我当时真的很生气，但是争吵并不是发泄我坏情绪最好的办法，所以我要管好它，不要让它跑出来影响我的工作。"

其实每个人都会有一些坏情绪，这是正常的。一个心理健康的人不会否定自己情绪的存在，而是选择合适的时间、地点来发泄自己的负面情绪，尽量把这个糟糕的情绪带来的坏影响降到最低，这就是自我管理情绪的重要性。

我们要成为自己的主人，善用情绪的价值和功能，而不是让情绪左右我们的思想和行为，成为它的奴隶。那么，如何进行自我管理呢？我们可以从以下几个问题中寻找答案。

1. 我被什么情绪包围着？

自我管理的第一步就是要能清楚地认识我们的情绪，并且接纳我们的情绪。情绪是我们真实的感受，只有清楚认识了我们的感受，才有机会掌握它们。不同的情绪会有不同的表现，所以不同的情绪也需要不同的办法去管理，只有明确地知道它是什么，才能想出办法来应对，所谓知己知彼，才能百战百胜。

2. 我为什么会有这种情绪？

"我为什么生气，为什么难过，为什么失落？"太多的为什么会蒙蔽我们的眼睛，找出根源才能知道我们现在的反应是不是过度或者正常，找出病因才能对症下药。

3. 面对这些坏情绪我该怎么办？

想想看，做什么事情的时候你会忘记你的坏心情？也许是运动、独处、听音乐、到郊外走走、大哭一场、倾诉……不论是什么方式，只要能改善你心情的办法都是好办法。

一个懂得自我管理的人，会消除不良情绪，延续积极情绪，从而使自己保持好心态。心态好，遇到任何事情都能乐观面对，自然天天都有一份好心情。有了这样的情绪状态，难事不难，往往一切都会尽在掌握。

8. 对自己的情绪负责是成熟的表现

若有人问你，什么是成熟？成熟的主要标志是什么？你将如何作答？估计问一百个人，一百人都会给出截然不同的回答。我们不得不承认的是，情绪是否稳定是检验一个人成熟的主要标准与方法，可以说，那些可以令人培养起稳定情绪的方法，同样也可以让人变得更加成熟起来。由此看来，成熟与情绪稳定有着必然的联系。

在过去，我们根本不了解什么才是真正的成熟，近些年，越来越多的专家开始对成熟的具体概念进行阐述，同时指出了什么样的素质才是成熟，我们才真正地了解了成熟的含义。当然，这样的成熟与情绪控制能力存在着必然的联系。在哈佛人看来，成熟便是要改变自己，不断尝试着去面对自己的问题：当你不断地对自我行为进行调整，以使其可以更好与个人目标相契合时，你的个人成熟度也在不断增加。

可以说，成熟既体现在生理指标上，同时也体现于个人心理思想上。成熟者总是拥有明确的自我观点，同时可以很好地处理自我与外界的联系。成熟不仅是一种能力，更表现为一种在面对不同生活境遇时，如何调整自我去做适应环境的行为，它表现在具体的行为与心理上的变化。在面对突如其来的变故时，成熟者总是会照顾方方面面的环节，尽量从最有利的角度入手，对问题进行解决。不成熟的人则无法对问题进行全面的考虑，他们只会凭借一时的冲动来处理问题，却很少会顾及后果。而我们所要说的情绪稳定，正是要让人们学会使用成熟者的思维方式来处理现实生活中所遇到的问题。

人总是在不断的变化中走向成熟的，当你将自己的现在和过去进行纵向比较时，你便能够发现，在岁月的流逝中自己是否变得成熟了；当然，你也可以与周围的人相比，这种横向比较会让你更明确自己的优势在哪里。以下是一些成熟者会体现出来的心理与行为特征，你可以试着与自己进行比较，看自己是否符合成熟的标准：

1. 信守承诺

成熟者不会出尔反尔，他们会对自己的每一个承诺都非常重视，在许愿之前，也会进行周密的考虑，看自己是否有能力去兑现承诺，如果自己无力兑现的话，他们便绝对不会承诺。他们的每一句话都可以让他人感受到信任与放心。那种满嘴跑火车、迟迟拿不出行动的人，根本称不上成熟。

2. 不夸夸其谈

成熟者不习惯高谈阔论，这并不代表他们没有演讲能力、不具备号召力，相反，他们会把握恰当的沉默，更会在正确的时刻表达自己的观点。通常情况下，他们不会将自己的奋斗过程、伟大的梦想轻易示人，他们的精彩往往沉淀于思想上。

3. 有学识，懂得内敛

成熟者总是在追求不断的进步，他们阅读，接受新事物、新信息，并不断地对自我内涵进行丰富。但是，他们从不张扬，只有在必需的时候才会展现自己的才华，而且绝对不会为了满足自己的虚荣而去刻意地卖弄。他们就如同一杯陈年老酒一般，让人越品越有味道。

4. 拥有宽广的心胸

成熟者从来不会贪图小便宜，更不会斤斤计较，他们不会在乎吃点小亏，更不会向他人喋喋不休地抱怨。他们的眼光从来不会被琐碎牵绊。在一些必要的时候，他们往往会展现出自己令人无法抗拒的包容能力。

5. 不以自我为中心

成熟的人总是会尊重自己，更会尊重他人。他们习惯换位思考，并会站在他人的立场上考虑问题。他们不会强求别人迁就自己，懂得与他人进行合作。

6. 敢于大胆承认自己的错误

成熟者乐于接受不同的意见，他们善于从众多的建议中甄选出最佳答案，在面对自己的不当决策时，他们总是勇于承担后果，而且从来不会找借口故意推诿责任。

7. 拥有坚定的意志

一般那些拥有成熟品质的人都拥有着处变不惊的心理素质，一旦确定了自己的奋斗目标，他们便会朝着它不断地努力，在遇到了挫折以后，他们便会不断地分析原因，吸取教训，对人生方向进行及时的修正，但是他们从来不会轻易退却。他们也会产生疲惫之感，但是在进行休整之后，又会信心十足地再次出发。

泰戈尔曾说："除了通过黑夜的道路，无以到达光明。"哈佛人同样认为，在通往成熟的道路上，不存在终点，只有不断的行程。令人无奈的是，想要获得成熟，你便必须要经历过无数的人生挫折。成熟并非不犯错误、不会冲动，而是自己能否真正地从错误与冲动中吸取教训。真正的成熟往往与理性、纯真、道德统一在一起，成熟之美在于，时间与代价是你永远必须持续付出的，而在时间的历练之下，成熟者会不断完善自我情绪，让自己走向成熟。

Class 3

停止抱怨，情绪就会改善

心情从来不会自己走下坡路，当然也不会主动爬上阶梯，决定心情如何变化的是我们自己。我们总是抱怨自己的生活变得越来越糟糕，实际上是由于自己的心态变得越来越糟糕。对于生活中那些不可改变的、那些难以改变的、那些不可接受的，我们需要用一种更加乐观的心态来面对。当我们不再抱怨生活时，生活才会给予我们更多的好心情，我们也才能从生活中发现更多的乐趣。

1. 抱怨只能证明你的无能

“这地怎么那么脏啊，现在的人太没素质了！”“为什么他奖金要比我多啊，我整天那么拼死拼活！”“这什么破玩意儿啊，怎么可能做好！”……你今天是不是也这样子在抱怨生活的不公平呢？好像一切都是那么不公，好像自己总是付出而得不到收获，好像天上掉下的馅饼，永远都被你前面一个人捡走了。

生活中充满了与理想不符的现实，仿佛一切都如此的不如意。抱怨的声音成了生活的奏鸣曲。我们抱怨早晨上班的公车太挤，我们抱怨主管只要骂人就可以得到多几倍的工资，我们抱怨我们的父母不是百万富翁，我们抱怨我们不是天才，甚至今天的午餐那么难吃，衣领那么脏……我们总在抱怨，从生活的鸡毛蒜皮到重大抉择。抱怨来、抱怨去，然而我们抱怨过后究竟得到了什么呢？

地上有垃圾，有的人在一旁嘀嘀咕咕地抱怨，有的人则会默默地拿起扫帚清理。工作堆积成山，有的人愤愤不平地开骂，有的人则会埋头专心做完。没有生在富足的家庭，有的人埋怨上帝的不公平，有的人靠自己的双手打拼出自己的天地……

事实上，地面的垃圾不会因为你的抱怨而自行消失，堆积的工作也不会因为你的抱怨而自动完成，命运更不会因为你的抱怨而改变。抱怨，是因为没有抗衡生活的能力；抱怨，是因为充斥丑陋焦灼的嫉妒。抱怨，除了给你带来坏情绪，并证明了你的无能之外，没有任何的价值。

强者总是默默用行动向世人证明一切，只有弱者的生命中充满了无力的抱怨。当抱怨成了生活的主旋律，无能就成了生命的标识符。

有两个女孩子，她们从同一个乡村考进了城里的高中。每次课上，两人不标准的普通话都会引得哄堂大笑，成绩也很难跟上。其中一个女孩子总在抱怨着，乡村的老师普通话都不标准，各种条件都没有城里好，自己家里穷苦，总要帮着做农活没有时间学习……另一个女孩子却始终安静而沉默，同学们总能在教室的角落里看到她的身影。

多年以后的同学聚会上，一个穿着入时的女子让所有人都大吃一惊，曾经在教室角落里默默写作业、独自在走廊上练习发音那个沉默而安静的农村女孩，全然成了一个优雅的城市白领。而另一个和她一起到了那所学校的同一个村子的女孩子已为人妇，一副村妇的打扮，坐下来便开始大声地抱怨丈夫的无能、家里条件的困苦。那些抱怨只换来别人的不耐烦，而那些真正钦佩的目光，全部集中在安静微笑的女子身上。

当我们对生活感到不满意的时候，为什么不停止抱怨去改变它呢？生活没有事事如意，生活也不可能总是悬挂彩虹。与其在风雨中咒骂，不如为自己撑起一把伞；与其去抱怨生活的不公，不如去创造属于自己的神话。

我们不是哈利·波特，念念咒语就能粉碎障碍。但是道路上的石块我们可以靠双手搬开，与其浪费时间抱怨，何不勇敢向前对抗！抱怨，是弱者屈从于命运的呻吟，只是更加证明了你的无能。真正的强者，从不抱怨，只用成功来证明。

每个人总有不满意的时刻，聪明的人想办法去改变它，愚笨的人只会怨天尤人。强者凌驾于生活之上，用成功来证明自己。弱者屈膝于生活之下，仿似一个奴仆，只能在背后抱怨一切，成为大众的笑柄。

不抱怨并不等于消沉，而是把那些不满情绪化为一种力量用行动来证明自己。别再抱怨，谨记那些让你愤愤的一切，让它们成为自己前进的动力。把用于抱怨的时间和精力，用在发现自己每一个微小的进步上，即便是微不足道的成就感也会让你欣喜不已。

2. 抱怨得越多，得到的同情越少

在我们的身边，经常会出现这样的人。他们一遍又一遍诉说着自己的遭遇，一日又一日重复着相同的抱怨，仿佛把这种抱怨散播出去已经成了他的工作、他的生活。有时候他们自己也知道抱怨不能解决问题，但是仍然乐此不疲地抱怨，原因何在呢?

首先，抱怨者是为了博得他人同情。不可否认，每个人在日常工作生活中都会遇到困难，而这些困难，有的能解决，而有的一时难以解决。于是，积极乐观者，在千方百计想办法解决；消极者在不停地诉说困难，诉说自己的不幸遭遇，以期博得他人同情，求得更多的安慰。

其次，抱怨者是在为自己开脱。自己不愿意去攻坚克难、不愿意去战胜困难，或者自己能力达不到又不能丢面子，于是通过抱怨，让他人明白不是自己能力不行，不是自己不愿意去做，而是有许许多多的障碍，在其心目中，以为抱怨一下就能得到他人的理解，就能为自己开脱。

爱丽丝和丈夫离婚了，看着丈夫和让他们婚姻破裂的第三者喜结连理，爱丽丝成天苦着一张脸哭哭啼啼，朋友们轮流陪伴她度过这段日子。然而，一个月过去了，她依然没有任何好转，甚至变本加厉不停向前来陪伴她的朋友抱怨丈夫的无情和生活的不公平。

一开始，朋友们都对爱丽丝充满同情，并耐心地开解她。久而久之，面对爱丽丝的抱怨，朋友们开始感到厌烦，相继躲开她。爱丽丝越发痛苦，没有可以诉说的对象，她更加陷入了绝境。

当我们的人生遇到了痛苦的事情，总免不了需要找人倾诉，总是想要获得慰藉。我们抱怨上天的不公平，一遍遍地控诉，希望从别人那里得到认同，从而获得一种慰藉。

人们都存在着同情心，尤其是女人。在一开始，利用自己的痛苦赚取他人的几滴眼泪，并不是不可行。但我们却时常忽略了一件事，在我们倾诉成瘾的时候，我们的痛苦便被自己无限放大，并且沉湎其中不可自拔。可是，我们的痛，只有自己可以体会得到。就好比你摔了一跤，神经传导的痛感，只有摔倒的那个人才能体会。因此，不管你哭得再凶还是描述得再痛不欲生，旁人永远不能感同身受，最多只是象征性地安慰你几句罢了。

所以，当你向其他人倾诉得更多的时候，你的痛苦只会成为其他人茶余饭后的闲聊。我们必须了解，“抱怨”不会让人们对你的印象加分，许多时候，抱怨得越多，我们得到的同情只会越少。频繁的抱怨，最后会让其他人对你敬而远之。

那么，是不是遇到让我们伤心痛苦的事情时，我们就只能默默承受，并把苦水往肚里咽呢？答案当然是否定的，适当的倾诉是可以缓解内心的压力。并且，你也能从朋友那里得到鼓励和安慰，从而能更有自信地去面对生活。

朋友的鼓励有时候就是一剂止痛药，可以缓解你的痛苦。可是，止痛药只是治标不治本，只有真正治愈了内心的伤痛，我们才能够不再抱怨生活的不公、命运的悲哀。唯有让自己成为强者，才能笑对曾经的失败。

布莱克辛辛苦苦打拼了5年，终于有了一家属于自己的公司，但是在金融危机中，他那种资产不足百万的小公司很轻易就破产了。遭受了如此巨大的打击，他却没有抱怨过一句，而是一边总结失败的经验，一边在澳门的一家酒店做保安。三年之后，布莱克拿着几年积攒下来的20万东山再起，重新办起了属于自己的公司。

人们之所以抱怨，更深层次的原因，是抱怨者的思维方式出了问题。在我们日常工作生活中的种种问题、种种现象可以归纳到两个圈子中：一个是关注圈，一个是影响圈。在影响圈中的问题、现象，我们有能力去改变，而在关注圈中的问题或现象，我们无力改变。比如，就交通堵塞致使上班迟到这件事情而言，车多、路窄，还有道路维修会导致堵塞，这个问题处于关注圈，我们能感知，但是无力改变；然而，我们可以起得更早，更早地出发，这样就可以避免迟到，这个现象就处于影响圈，我们是有能力改变的。

积极者，其思维的焦点更多在影响圈内，他时刻在思考，通过自己的努力，能改变什么，能解决什么；而消极者，他的思维焦点更多在关注圈内影响圈外，他想得最多的是他人应该怎么样做来适应自己，来帮助自己，当遇到困难，他人没有伸出援手或者外在环境没有按自己预想的变化时，消极者就会抱怨，就会牢骚满腹。这应该是抱怨产生的深层次原因。

同时，抱怨会传染，会成为习惯，一旦开始抱怨，就会越来越喜欢抱怨，一定会让身边的一些朋友也开始抱怨，于是抱怨者们就找到了共同语言，没事就会聚起来抱怨。但是，生活中，更多的人喜欢与积极乐观的人相处，更多的人不愿意与爱抱怨者交往，所以，各位，行动起来，让我们将关注点更多地放在影响圈内，让我们成为一个积极乐观的人！弱者的眼泪能够骗取一时的同情，却不能得到永久的怜悯。而强者，是从不抱怨的。

3. 攀比是苦恼之源

一个女孩在马路边缠着妈妈给她买一个新书包，理由再平常不过了——同桌的女生买了“冰雪奇缘”主题的多功能书包，在班上出尽了风头。这位妈妈为此大声斥责孩子，路人听到孩子哭声，纷纷上前劝阻，这位妈妈却摇摇头，无奈地说：“上个星期刚给她换了一个新笔盒，这星期又买了两套新衣服，现在又要换书包。总是看见别人有什么，她就要买什么，长期下去，我怎么受得了啊。”人们听了有些惊愕，随即又释然了。攀比，也许是自小就潜伏在我们身边的潘多拉之盒。

理论上来讲，我们每个人都拥有属于自己的东西，属于自己的快乐。我们本应更加珍惜自己所有，享受自己的快乐。但现实却偏偏不是如此。许多时候，我们总会错以为，别人手中的糖果更大、更甜，别人拥有的东西更好。就好比对许多男人而言，自家的老婆总是比不上别人家的漂亮，自己的事业总是没有别人做得大。就连自己的孩子，也喜欢拿去到处攀比，如果有哪一样比不上别人家，便会垂头丧气，迁怒于家人。

于是，大家相互追逐，相互攀比，你有一个，我就要两个，你有两个，我就要四个。目标达成，便欣喜若狂，若是比输了，失落之情便油然而生，苦恼也就此产生了。

理查德和马克是同班同学，两人关系非常好。毕业以后，两人进了同一家网络公司。一开始，理查德在公司表现很优异，得到了大家的一致认同。然而到年终的时候，却是马克凭着家里的关系升了职。面对这个情况，理查德一肚子怨气没处发泄，心里开始暗暗地跟马克较劲。刚开始是在工作上，什么都要比马克完成得快，如果马克先于自己完成，他就感到非常痛苦。后来发展到在生活上也要处处比马克强，要穿比马克贵的衣服，开比马克好的车。渐渐地，强大的经济压力终于让理查德承受不住，深陷于痛苦中不可自拔。

是的，马克所拥有的外部条件，的确比理查德要优越，比如家庭背景、社会地位，这是我们无法改变的事实。但理查德自己拥有的东西，却有可能是其他人一辈子都无法得到的。原本，理查德已经是一个非常优秀的人了。大学毕业，便找到了一份不错的工作，并且迅速在工作上得到了大家的认同。如果他肯踏踏实实地干好自己的工作，不去与马克攀比，这块金子迟早是会发光的。但他却选择了一条错误的竞争之路，使自己陷入痛苦的泥潭。

这是不是很可笑呢？因为一时的心境不平，便放弃原本属于自己的快乐，一味追求与他人一样的东西，结果却让自己不堪重负。问题是，这种傻事可不仅仅只有理查德这样的年轻小子才干得出来。让我们来看看下一个故事。而这个故事，有可能发生在我们每一个人的身边。

乔治曾有份高薪稳定的工作，一个漂亮的妻子，可爱的孩子。按理说，他不能不算是个幸福的男人。但这一切在邻居搬过来的那一天渐渐变了。邻居有一个很漂亮的妻子，不仅漂亮，还很贤惠。邻居每次过来，都要跟乔治夸奖下自己的太太。一开始，乔治还只是笑笑，但几个月之后，他却渐渐觉得妻子不那么顺眼了。

一次，妻子早晨起床，照例梳妆打扮，然后准备去上班。乔治却觉得心里好似装了块疙瘩。他拉住妻子说：“你看看隔壁邻居家的女人，每天早晨都起来给丈夫做早饭，我们结婚这么多年了，你哪一次做过。”妻子没说什么，下厨房煎了个荷包蛋给他。乔治又不乐意了：“你这蛋煎的什么玩意啊？人家丈夫早晨起床，餐桌上起码是三样齐全……”妻子也火了，两人开始争吵。此后，乔治更是经常拿别人的妻子跟自己的妻子比较，还常数落女儿不争气，没像邻居家的孩子那样，拿一些奖项回来。

最终的结果，你大概也猜到了。好好的家庭从此变得鸡犬不宁，妻子和女儿都怨恨上了乔治。一家人就因为乔治小小的攀比之心，亲情黯淡下来。

哈佛的教师曾问过很多学生，你理想的生活状态是什么？有人说，我希望有很多很多钱；有人说，我希望有很大的房子；还有人说，我希望有稳定的工作……大家都会回答，我希望如何，但从未有人说，我希望比他人过得如何。是的，当我们在制定愿望的时候，每个人都会依据自己所想、所念，而不是参照他人作为标准。但到了执行的时候，为什么就变得不一样了呢？

许多时候，我们往往忘却了自己的理想，却把目光集中在了别人的身上，给自己增添了许多压力和烦恼。当我们沉浸在攀比中时，逐渐失去了属于自己的颜色。

人比人，累死人，这不是一句空话。我们不停地比后台、比金钱、比地位。你比过了一个，又会发现第二个、第三个。无穷无尽的攀比，把你的生活重心放在了别人身上，却忽略了自己真正的渴望。丢弃简单的快乐，让自己处在无穷尽的痛苦之中，这是一个多么傻的决定，却又是许多人不自觉在做的事情。

攀比，是苦恼之源。收回在别人身上聚集的目光，好好审视自己的幸福，你才能获得真正的快乐。攀比，就像搁置在我们身边的潘多拉魔盒一般，一旦完全打开它，苦恼便如影随形。

4. 换位思考，让心情变晴好

换位思考是基本的道德教谕。古往今来，从孔子的“己所不欲，勿施于人”到《马太福音》的“你们愿意别人怎样待你，你们也要怎样待人”，不同地域、不同种族、不同宗教、不同文化的人们，说着大意相同的话。

换位思考是人类经过长期博弈，付出惨重代价后总结出的黄金法则。俄国理论家克鲁泡特金在《互助论》中证明：只有互助性强的生物群才能生存。对人类而言，换位思考是互助的前提。社会是一个利益共同体，没有人是一座孤岛，我们不能用自己的左手去伤右手，我们是同一棵树上的叶和果。

圣诞节前夜，一位商人在地铁出口看见一个衣衫褴褛的人站在路旁，面前放着一个装了几个硬币的盒子，旁边凌乱地插着一些铅笔。

商人放了几个硬币在盒子里就匆匆往前赶。走了一会儿，他觉得有些不妥，就转身折回来，他问了问铅笔的售价，拿了几支，并向对方道歉，解释说自己忘记拿了，希望他不要介意。

几年后他们再次相遇时，那个衣衫褴褛的人成为了富商，他握住商人的手动情地说：“您可能不记得我了，我也不知道您的名字，但是，您是我永远也忘不了的人。是您，重新给了我自尊！自从我的生意倒闭以后，我一蹶不振。看上去我是在卖铅笔，可人们都把我当成乞丐，因此我自己也认为我是一个乞丐！那天，我麻木地看着您丢下硬币，可是没想到您又跑回来了。您的言行告诉我，我不是一个乞丐，而是一名商人！谢谢您让我重新站起来！”

每个人都不希望被看成乞丐，正所谓“己所不欲，勿施于人”，因此，在开口说话前，我们先问自己：当我犯了过错时，我希望别人批评我吗？不希望！我希望得到原谅。当我做得不好时，我希望别人嘲笑我吗？不希望！我希望得到鼓励。当我遭到挫折时，我希望别人幸灾乐祸吗？不希望！我希望得到帮助。当我情绪低落时，我希望别人冷落我吗？不希望！我希望得到安慰。当我总是听不懂时，我希望别人觉得我烦吗？不希望！我希望得到耐心。所以当你自己也处在类似情景时，就做他希望你做的事，这才是最有效的沟通技巧。

你有没有这种经历？在你心情很好的时候碰到一个家伙，这个家伙上来就说天气有多么糟糕，他的生活多么黯然无光，这个时候，你的大脑会随着他的语言思考，结果，你脑中的画面是一幅幅不愉快的景象，你的心情也会因此而变得莫名压抑。在下一次，你会尽量避开与这个家伙交流。有些人之所以喜欢抱怨，往往是因为他们害怕别人知道做事不利的根源在于他们自己本身——他们害怕面对事情，害怕面对问题本身，害怕和别人进行有意义的交流。因此，在这种情况下，我们要试着和别人换位思考，避免抱怨情绪的恶性循环。

当你学会换位思考的时候，就会在遇到问题时多站在别人的角度来看待，设身处地为他人着想。当我们遇到与他人意见相异的情况时，不妨试着从对方的角度去考虑某些问题，设身处地从对方的角度去思考、去处理问题。有可能某些我们眼看无法调和的冲突在我们“山重水复疑无路”时，因为我们的换位思考而进入了“柳暗花明又一村”的境界。当我们做到这些的时候，我们就能够更多地理解别人、宽容别人。在生活中，学会换位思考，化干戈为玉帛，化消极为希望，会让我们发现原来生活其实很美好，每一天的心情都能够是很好的。

如果你想抱怨，那么生活中的一切都能够成为你抱怨的对象；如果你不抱怨，生活中的一切就都会变得美好起来。一味地抱怨不但于事无补，有时还会使事情变得更糟。所以，不管现实怎样，你都不应该抱怨，而要靠自己的努力来改变爱抱怨的心态。如果你已经准备好，请拿出虚怀若谷的胸襟，尝试着换位思考，你会发现，世界原本可以如此美丽，生活原本可以如此丰富，精神原本可以如此充实。

5. 坦然接受世界的不公平

我们常常抱怨老天待自己太不公平了，可惜的是，我们每个人都不能成为生活的法官。过多地沉醉于那些公平不公平的思考，已经使很多人背上了沉重的“渴求平等”的包袱，从而完全演变成为一种对生活和自己的苛刻。

不公平的现象虽然存在着，但我们不能因为没有绝对公平的起跑线、绝对公平的机会，就宣布退出人生的角逐和比赛。我们可以抗议，可以去争取，更要在逆境中增强自己的实力，在精神上不为这种现象所压垮。

1939年，20岁的卡普兰以优异的成绩毕业于纽约城市大学，但是，在他继续申请进入医学院进修时，却连续遭到了5所著名学校的拒绝。在自己的自传中，卡普兰如此描述那一段回忆：“我是一个犹太人，我上的是公立大学，这些都是他们拒绝我的理由，对于我来说，这真是祸不单行。”他感觉非常不公平：他认为，只要医学院同样需要入学考试，他便可以向校方证明，自己这样一个从公立大学毕业的学生丝毫不输于那些私立大学的毕业生。

当时，犹太人在美国教育中备受歧视，社会并没有给他们提供太多接受高等教育的机会，唯一留下的突破口便是考试。他们依靠着聪明的头脑与优异的成绩大量挤入了上流社会为主要学生来源的常青藤，这引起了美国教育界的惊慌，大家甚至开始思考，应该如何才能将“犹太人的问题”解决掉。当时，美国大学中专门主管录取工作的录取办公室便是在这种氛围下成立的。

这便是卡普兰所处的时代：整个犹太民族受尽了白人的排挤，而他恰恰是这一弱势群体中的一员。卡普兰面对不公，并没有埋怨，更没有屈服，而是将精力放在了犹太人唯一可以依赖的武器——考试上。从1946年开始，卡普兰开始针对美国大学重要的入学考试 SAT 展开研究，并专注于如何才能在短期内迅速提升 SAT 分数上。

虽然所有的考试机构都试图告诉学生，参加卡普兰的系统培训完全是在浪费金钱，但是，当越来越多接受了卡普兰培训的学生取得了出色成绩以后，联邦行业委员会终于决定对卡普兰展开正式的调查，以证明这个“品格败坏的犹太人”在做虚假广告。

在 1979 年，调查报告正式公布。令所有人惊讶的是，卡普兰的培训竟然可以使学生在 SAT 中的各科成绩提升至少 25 分！这一报告成为了卡普兰培训机构的最好广告，从此以后，卡普兰的事业一发不可收拾。

随后，卡普兰所引发的考试革命被称为教育民主运动，他迫使整个美国对人才的选拔机制做出了相应的调整，卡普兰也因此被称为美国“应试教育之父”。

生活不是一场辩论赛，在这里，没有所谓的绝对公平与公正，也许，它给别人的全是鲜花与掌声，而给你的却是刺人的荆棘。可以理解并热爱生活的人绝对不会强求生活带给自己玫瑰，而是会将自己手中的荆棘变成玫瑰。在这个过程中，挣扎与呻吟在所难免，但是却并不会令人流淌下痛苦的眼泪。

曾就读于哈佛大学的美国著名诗人爱默生说：“一味愚蠢地强求始终公平，是心胸狭窄者的弊病之一。”因为我们不可能对人生投“弃权”票，所以就必须在停止抱怨的同时，学会抗争，学会淡然处世。

这个世界从来就不存在绝对的公平，那种妄想通过不断的抱怨与指责来实现自我期望中的公平的举动，本身就是在浪费时间与精力。想要获得自己理想中的公平世界，你可以采取的方法只有一个：积极地奋斗，规避弱势，努力驾驭自己的生命之舟，用持续的努力为自己创造出公平的世界。

微软前总裁比尔·盖茨曾经说：“人生本身就是一场不公正的竞争，习惯它、接受它，是你唯一可以做到的事情。”人生的本质就是不公平。而且，这种不公遍布了每个人发展的每一个细微而又渺小的阶段。但是，若你未能认清这一现实，只是一味地抱怨与急躁，那么，你的人生将始终生活中在不公之中。

6. 调适心理，在适应中成长

人的成长过程，就是一个适应的过程。从我们离开母体的那一刻起，我们就开始了别样的适应的旅程。崭新的世界，年代的更替；不同的学习阶段，不同的同学和玩伴；不同的工作体验，不同的人际交往；新奇的婚姻生活，初为人父人母的角色更换……可以说，从降临世界的那一刻起，我们无时无刻不在适应着周遭的变化。只是，在这个与不同的环境与人际相处、磨合的过程中，适应力的强弱，在各人的生活质量上起着重要的作用。那些适应能力较强的人，往往是一些心态平和，为人谦卑，不患得患失的人，这样的人不但更容易走向成功，而且生活得更加随性，更加开怀。

在一座寺庙里，住着老和尚和小和尚。一天，小和尚指着寺庙后一片荒芜的草地对老和尚说：师父，您看，这片地光秃秃的真难看，咱们赶紧给它撒点草籽吧！

老和尚赞同地说：好啊！等下过一场雨，咱们随时都可以撒种子。

过了几天，当一场雨过去，老和尚果真买了包草籽儿，叫小和尚去撒种子。

就在小和尚撒籽的时候，一阵风吹来，草籽儿飘向四面八方……小和尚着急地叫着："糟了，大事不好了，许多草籽儿都被风给吹走了！"

老和尚淡淡地对小和尚说："嗯，没关系的。被风吹走的草籽多半是空的，即使撒在地上也发不了芽，随性吧。"

小和尚便继续撒草籽。可是，当他刚把种子撒完，便引来了一群麻雀。这下，小和尚又急了："坏了，坏了！师父，草籽儿都让麻雀给吃了。这下可如何是好呀？"

老和尚安慰小和尚道："别急。种子多，麻雀吃不完的，随便吧。"

播种当晚，下了一场暴雨。第二天早上，小和尚急急忙忙跑到草地一看，又慌忙转身冲进禅房，高声嚷着："师父，不好了！草籽儿都让雨水给冲走了，这下咱们可白费力气了！"

老和尚依然平静地说："这有何关系呢？草籽被冲到哪里，就会在哪里发芽的，随缘吧。"

就这样过了七八天，原本光秃秃的草地上一夜之间冒出了一片青翠可人的绿芽！原本没有撒种的地方，也泛起了绿意。

小和尚见了，开心地手舞足蹈起来："哎呀，居然发了这么多芽，长得这么好，真是太不可思议了！"

老和尚看着小和尚，轻轻地笑着说："随喜，随喜。"

不难看出，故事中的老和尚便是有着较强适应能力的典范，对待事物和环境的新情况、新变化，能从理性的、积极的方面去看待，所以，才有了随缘自适的心性，显得更从容大度。而小和尚，也正是另一类人的代表：轻率、消极、得失心较重。这类人在对待新局面的时候，易惊、易恐、易怒，从而容易出现手足无措的现象。他们对周遭的变化过于敏感、尖锐，一点小小的动静就能在他们的心河中荡起巨大的涟漪，以至于不能心平气和地待人接物，更严重的甚至会造成他们择业交友的障碍。所以，练就一份强大的适应力，对每个人来说都是必要的。

所谓适应力，实质上是一种心理调适能力，是一种潜能的存在。不管是学习、工作，或是人际交往，一旦遇到心理问题或心理障碍，这种潜能便能被激发，能自觉主动地疏导、减轻甚至消除这些问题和障碍，从而改善一个人的认知水平，有效防范不良行为的产生。适应力还有着更高级的功能，即促进人格的成熟，促成人类社会的相互沟通。一个心理调适能力较强的人，会在不同的阶段、不同的环境中做到自觉、能动、有选择地改造和利用环境，使自己与所处的氛围相容。而那些心理调适能力相对较弱的人，则很容易被过去的生活束缚，或者对现状充满疑惧、对未来充满不安，很难拥有一个平衡的心态，从而搅乱了身心。

适应是人生的一个过程，也是成长的历程。每一次的适应和突破，都是一个收获、一次成长。当我们在不同的角色转换中从容淡定，当我们在不同的环境交替中随缘自适，当我们在优胜劣汰中不骄不躁，我们便是在适应中成长着，并拥有着笑看云卷云舒的胸怀，便能在不可预知的未来随遇而安。

哈佛大学心理学硕士泰勒·本·沙哈尔说：“那些成功的人身上所具备的特质之一就是适应力。”人的适应力有强有弱，但毋庸置疑的是，一个有着较强适应力的人，更容易与命运和平共处，更少不满和抱怨。

7. 莫因嫉妒他人，失去下一次成功的机会

嫉妒是自古以来便潜伏在人们心中的原罪之一。在古代，因妒成恨，继而引发战争的事件屡屡发生，在当今，因为嫉妒而发生的流血事件也并不罕见。而我们身边的许多人，更是时常因为一些小事生出郁闷之情，究其原因，则无非是眼热同事比自己多拿一份薪水，或是嫉妒原先不如自己的老同学节节攀升，再或是眼红其他人财运连连。

然而，无论是高高在上的领导者，还是满腹经纶的学者教授，或是腰缠万贯的富豪商贾，只要不是占尽了人间美事者，都难免产生嫉妒之情，就更别提我们这些平民百姓了。因此，会嫉妒他人，并不是一件多么可耻的事情。但若因嫉妒他人，而失去了自己成功的机会，这样的人，虽不可耻，却是十足的大傻瓜。

罗根是一家广告公司的设计员，但他最近却实在快乐不起来。他是公司的老职员，但近期一份设计稿，已经改了二十次了，老板为此大动肝火。与此相反的是，新进公司的一个小孩，才20岁，却屡屡被老板称赞，这个新员工的设计稿件，大部分都是一次通过。为了这件事，罗根的心里一直觉得非常憋屈。

这天，老板又在罗根面前讲起了新员工的好话，并要罗根多向对方学习。罗根的嫉妒之心，一下升到了极点，“一个新来的毛头小子，怎么能和我这个工作了三四年的人比，不就是走了狗屎运么。”

从那天开始，罗根就觉得这个新员工越来越讨厌了。每当他见到这个人时，就觉得看哪哪不对劲。不单如此，新员工每做一个方案，罗根就会不屑

地将头转过去，也完全不参与同事们对那方案的讨论。

渐渐地，罗根和新员工之间，形成了一个奇怪的工作圈，新员工接触的方案和客户，罗根就拼命地回避，即使对方多么盛情邀请。久而久之，罗根发现自己陷入了孤军奋战的尴尬境地，因为公司的同事都与新员工互动过。就连老板，也看出了他们之间的些许端倪，对罗根表现出了极大的不满。

你能说嫉妒不是一种可怕的情绪么？罗根在公司工作了三四年，本有机会升迁，却因为一个新到的员工，丧失了同事对他的好感、老板对他的信任。就连自己，也无法以平常心对待工作了。

只因看不惯新人比自己更优秀，失去了这么多宝贵的东西，这种事情，难道只发生在罗根的身上吗?

在生意场上，因为嫉妒对手的业务，便使出一切手段挤垮对手，并屡次采取不当竞争，结果却是两败俱伤，自己也没落到任何好处。

在社交圈子里，因为看不惯某个人，便屡屡给对方使下暗绊，或是在背地里中伤他人，最后不但没有让他人交上厄运，自己却因为过于八卦，落下了不好的名声。

还有那些因为嫉妒情敌而做出傻事的人们，大部分时间都花在与情敌相互斗争上，从而失去了遇见下一段姻缘的最佳时机。

这些，莫不是天天都发生在我们身边的事情吗？不过，这些事情虽讲来轻松，看的人也只当是饭后笑料，但许多人，却深陷其中，而完全不自知。

嫉妒也许是我们一生都无法克服的负面情绪之一。我们很难保证，看见曾经处于同一起跑线的人比自己生活得更好的时候，羡慕之余不会说上两句风凉话。我们也不能保证，看见明明不如自己的人，手中却拥有自己梦寐以求之物时，不会在心中愤愤不平。我们更不能保证，当我们拼尽全力，也比不上别人勾勾小指头所获得的东西更多时，心中不会生出愤怒的枷锁。

但这并不需要尽力去改变，因为我们是人，所以我们会嫉妒、会羡慕、会抱怨、会愤愤不平。这些都是人之常情，偶尔抒发下心中的郁闷情绪，并不是什么不得了的大事。

不过，在我们郁闷之时、宣泄过后，必须要做一件事情，一件相当重要的事情，那就是忘记。情绪化永远都不是你逃避自己、逃避生活的借口，嫉妒之心也绝对不能成为阻碍你进步的绊脚石。

嫉妒，并不是一件可耻的事。然而若是因为嫉妒他人而失去了自己成功的机会，那就不仅仅是可耻，而是可悲了。如果你实在嫉妒那个比你更强大的人，与其愤怒、不满、指责上天的不公，不如从现在起，在行动上立志超越他。这才是宣泄嫉妒的最好途径。

8. 别让他人的舌头左右你

哈佛被称为美国的思想库，这所名誉全球的学校以盛产政客、学者、富翁而著名，这些成功人士的方方面面都免不了被人议论。如何锻炼学子们面对各种各样的流言、非议便成了哈佛教育中的重要一项。有关这一点，那些深谙世事的智者们只给了所有学子一句建议："不要让他人的舌头左右你的人生。"

切尔·威廉是一位才华横溢的年轻人，从哈佛毕业以后，他一直在加利福尼亚经商。几年后，他开始将工作重心投向政界，并准备竞选州参议员。由于威廉本身极有资历，再加上多年经商期间，他一直热心公益，所以在竞选中有着极大的优势。

竞争对手们也开始在暗地里进行操作，期望以此来降低威廉的信誉度。很快，一个极小但极有影响力的谣言渐渐在选民中散开了，谣言的内容很简单：威廉在毕业后到某个学校担任过一段时间的老师，并在当时与一位年轻的有夫之妇保持了暧昧的关系。

明眼人一看便知道，这完全是对手在故意对选民的视线进行干扰，希望通过这种手段来降低威廉未来有可能赢得的选票。而对手的意图也非常简单：一旦谣言传播开来，人们便会质疑威廉的生活作风问题，威廉必然会因受到了凭空的诬蔑而怒不可遏，并会迫不及待地想要站出来为自己的清白进行辩护。如此一来，人们便会对此事抱有更大的怀疑。

刚开始的时候，威廉的确上钩了，他气急败坏，并一度想要召开新闻发布会，为自己辩解，还准备对那些谣言传播者进行严厉的谴责。有那么一段时间，他完全失去了自己本身的风度。

幸而，在威廉准备采取行动时，他在大学的导师听说了此事，并及时给他打电话说：“若你没有做，你根本不需要理会。你为什么要让别人的舌头来左右你的人生？”导师的话让威廉迅速冷静下来。在随后的几天时间里，他一直保持着轻松的心态，若无其事地参加各种派对，与同事和选民们谈笑风生，而对谣言之事绝口不提。这下，谣言制造者们开始着急了，他们不知道威廉的葫芦里到底卖的什么药。

很快，选举的日子到了。面对广大选民，竞争对手当众将谣言搬出，指责威廉缺乏必要的道德观念，根本没有资格担任人民的代表。面对对方的先发制人，威廉却只是风趣地回应道：“不知道是谁走漏了风声？只不过那位女士并未成婚，那时，她还单身，我为了追到她可吃了不少的苦头！如今，她早已是有夫之妇了，而且她的丈夫正在对着你们说话。我不得不承认，现在的记者真的很厉害！”

威廉幽默的话语使他轻轻松松便度过了危机，随后，在竞选中，他毫无悬念地赢得了最高票数，成功地进入了参议院。

有人的地方便会有流言，而且相同的信息不断重复便会让人产生信任感，正所谓“谎言千遍成真理”，流言的口口相传令其可信度不断提升。流言不仅会对个人幸福进行破坏，还会演变成社会信念大厦上的蛀心。它会鼓动群体冲突，导致不信任，从而使社会矛盾激化。对于个体而言，流言会直接导致愤怒的不良情绪。

大多数人在面对不实的指责时，总是会大发牢骚，抱怨自己遭到小人陷害，但也有人抱着“清者自清”的心态，只要有人过问，总是采用“无可奉告”的处理方式。但是，由于人类所特有的“补空心理”，世人总会对不确切的事情抱以格外的关注。沉默不语往往会让公众对沉默者产生不确定感，令人们误以为当事人试图掩盖什么，或者有什么“难言之隐”。所以，当你发现自己被谣言缠身时，你可以暂时沉默，但是在最适当的时候，你应该在公众面前进行最直接的回应。

当你发现自己陷入了“有嘴说不清”的窘迫境地中时，你可以选择一个中立的、可靠的第三方，帮自己说话，他会让你的反驳如虎添翼。此外，在辟谣时，你还应注意，将详尽的信息说清，把来龙去脉细细地道出，否则，你唐突地说自己是“清白”的言语反而会让人们心生疑惑。总之，不让他人的言论来左右你的言行，你便不会迷失在他人的言语世界里。

Class 4

释放内心压力，赶走忧郁情绪

社会竞争日益激烈，几乎每个人都在超负荷运转，人们很容易产生不同程度的忧郁情绪。尤其是当人们遇到精神压力、生活挫折、痛苦境遇、生老病死、天灾人祸等情况时，产生忧郁情绪更是理所当然。目前医学界已经肯定忧郁症患者体内的压力荷尔蒙过高，精神压力正是引发忧郁情绪的重要诱因之一。只有正确应对压力，及时疏导压力，才有可能避免忧郁情绪对人们身心的摧残。

1. 担忧和烦恼不过是庸人自扰

欧洲中古时期，有一个残忍的将军，他折磨自己的俘虏时，经常蒙上他们的眼睛，再把他们的手绑起来，放在一个不停往下滴水的袋子下面。水一滴、一滴、一滴地滴下……夜以继日，这些不停滴落在心头的水，变得像是槌子敲击的声音。最后，那些俘虏便在这种永不停息的声音中精神失常。

人的忧虑就像不停地往下滴的水，而那不停往下滴的忧虑，通常会使人心神丧失而自杀。面对时刻都在变幻的世界，许多人都有一种无力感，太多的事情让我们忧虑了，而这种无止境的忧虑会慢慢把自己逼到死角。

在现实生活中，总是会有人被各式各样的忧虑所困扰，以至于无法静下心来做事情。他们在小时担忧自己被遗弃，上学后担忧自己完不成学业，大学毕业后担忧自己找不到工作，中年时担忧孩子无法健康成长，老年时担忧身体患上重病。表面看起来，他们好像每天都有事情需要担忧，而这样的过度担忧也让他们无法感受到生活的乐趣，更无法触及到真正的快乐。

诺贝尔医学奖得主亚历克西斯·卡锐尔博士说："不知道抗拒忧虑的人都会短命而死。"这点在医院里就可看得出来，世界各地高血压、心脏病、胃病、心理疾病等病患呈不断上升的趋势，这些病症多半都和自身的情绪、压力相关。也许你也像大家一样，或多或少有这方面的问题，现在你需要了解治病要治疗它的根源，它的根源就是"头脑"。

许多人都想办法赶走自己的忧虑情绪，更有许多人真的做到了。"没有时间去忧虑"，这是丘吉尔在战事紧张、每天要工作 18 个小时的时候说的话。当别人问他是否为自己肩负的重任而忧虑时，丘吉尔说："我太忙了，没有时间去忧虑。”有忧虑时不必去想它，让自己忙起来，你的血液就会开始循环，你的思想就会开始变得敏锐。

哈佛心理实验室曾经对人的忧虑进行过科学的量化、统计与具体的分析，结果发现，人类几乎有 99% 以上的忧虑是毫无必要的。统计中发现，有 40% 的忧虑是源于对未来的担忧，有 30% 的忧虑是源于过去的事情，有 22% 的忧虑是因为生活中一些微不足道的小事，4% 的忧虑来自于个人无法改变的事实，最后剩余的 4% 则来自于我们正在做着的事情。

想要摆脱忧虑的困扰，你便必须要明白，只有今天才是握在你我手中的真实存在，别让逝去的昨天与尚未到来的明天占据你的思想。让自己学会活在当下，专心地处理手边的事情，你才能够确保人生的航船安全而又快速地驶达彼岸。

在哈佛幸福课上，有这样一句话被广为传诵：何必为痛苦的过去而丧失眼下的心情，何必为莫名的忧虑而惶惶不可终日。过去的总会过去，该来的总会到来。这句话在一定程度上显示出了哈佛在对待人生态度上的明智性：只看重当下，不为过去悔恨，更不为未来担忧。

2. 缓解心理疲劳，让自己轻松一些

你是否有一段时间会对一切都失去兴趣？在那段时间里，不管休息多长时间，你总是会感觉到疲惫，平日里争强好胜的心早已不知去了哪里，你只想彻底地逃离这种繁忙的生活。也许你还没有意识到：你进入了心理疲劳期。

哲人维尼曾言：倦怠乃人生大患，人们常叹人生短暂，其实人生悠长，只是由于不知用途而浪费，才会失去。心理疲劳是最浪费人生的一种不良情绪，它会让你对生活中的一切失去兴趣，并会陷入不断的忧虑与莫名的悲伤中。

所谓的心理疲劳，与由于过多的体力劳动导致机体能量消耗过大的生理疲劳有所不同，心理疲劳往往是指人在长期从事单调、机械的工作活动，伴随着机体生化上的具体变化，导致中枢神经细胞因为长时间处于紧张状态下而出现过度的抑郁，从而使人对工作与生活的热情、兴趣大幅度下降，直到产生厌倦心理。

哈佛大学医学家赫伯特·本林认为："当一个人的身心过分紧张时，他的机体免疫能力便会被削弱。"心理疲劳是潜伏于人们身边的"隐性杀手"，它不会在一朝一夕间置人于死地，而是会如同慢性中毒一般，在到了一定的时间、一定的"疲劳程度"以后，才会引发疾病。让自己处于过度心理疲劳中，无疑是在对生命进行透支。

心理疲劳往往会带有极强的主观体验性质，它并非由完全的生理指标来反映的。对于那些产生了心理疲劳的人来说，轻者会对工作、学习、生活产生明显的厌倦症状；重者则会出现神经衰弱、抑郁症、强迫行为，并会导致

生活习惯的改变。

导致心理疲劳的另一主要原因是个人的精神过度紧张与工作、学习过量。我们处于一个竞争白热化的时代里，这个时代以生活节奏加速、竞争性极强为特征，许多人都会担心自己会在竞争中失败，由此，心理上的紧张直接导致了平日工作与生活中过度投入，而这种负面情绪占多数的过度投入往往会引发心理疲劳。

此外，纷繁的信息轰击、噪音、住房的拥挤、工作条件过于恶劣、家庭不和、疾病、人际关系过度紧张、事业遭遇挫折等，也是使个人心理疲劳不断增加的重要因素。

一个平凡的上班族麦克·英泰尔在自己37岁生日那天，做了个疯狂的决定。他决定放弃自己待遇优厚的记者工作，将身上仅剩的3块多美元捐给街角的一名流浪汉，只携带了干净的内衣裤，从阳光明媚的加州出发，靠着陌生人的仁慈与搭便车，横越整个美国。

这是他精神快要崩溃时所做的一个仓促决定。某个午后，他终于厌倦了在日复一日的重复工作中耗费青春，当他发现，自己面对着工作再也没有了当初的激情，剩下的只有厌倦与不满时，他终于决定要让自己放弃这样的生活了。

一路上，他不断地回忆着自己多年来的奋斗生活：入职以后，一直勤恳的付出让他获得了丰厚的回报，但是，他却从来没有过幸福的感觉，哪怕他采访到了整个美国最成功的大企业家或是最受欢迎的大明星时，他也毫无兴奋之感。他开始质疑自己：我到底是在为什么而活着？

在长达几个月的流浪生活中，他对自己的生活进行了彻底的反思，并最终在绕行美国一周、再次返回加州时，重新获得了对生活的激情：几个月的时间里，他得到的不是目的，而是放松自我、反思人生的过程。

随后，麦克开始了另一种截然不同的生活：他开始全身心地投入到写作与旅行中，因为这样的生活明显能让他更多地体会到快乐。

哈佛大学公共卫生学院教授大卫·加维奇博士在自己的研究中发现，若个人长期处于同样的工作中，便会产生明显的厌倦与沉闷，其工作表现也会明显低于平常，因为个人的精力与创造力都处于“油尽灯枯”的阶段中。

以下是一些可以有效解除心理疲劳的方法：

1. 保持工作与生活的劳逸结合

在工作时应该对时间进行合理的安排，让自己分出轻重缓急，坚持规律的生活，进行积极而正面的休息；平日里，适时参加一些如跑步、游泳、步行与打球之类的体育锻炼，使机体活力得到全面提高，以帮助增加大脑在应对复杂枯燥工作时的适应能力，从而尽量避免与远离因为从事过于单一的工作而产生的消极、单调心境。同时，个人每天应该尽量保证7 ～ 8小时的持续睡眠，这对消除疲劳有着明显的效果。

2. 让自己培养对所从事工作的兴趣

兴趣的产生与大脑皮层上的兴奋有着直接的联系，当个人从事自己感兴趣的工作时，往往不会产生疲惫感，而在从事个人没有兴趣的工作时则更容易陷入疲惫中。在工作过程中，若发现自己对本职工作中的一些项目没有兴趣，你也不应过度紧张，以防止由于忧虑而形成思想负担，而是应该想办法努力对自我兴趣进行培养。

3. 对自己拥有一个客观而正确的要求

凡事都需有度，不应超过个人能力，为自己树立起过高的要求。在面对根本办不到的事情时，不应硬拼蛮干。如果意识到自己对某事力不能及，你应该学着让自己放松一下，让自己调整一下目标，或者直接放弃。

4. 凡事树立目标

不管做什么事情，你都应为自己确立下行动的目标，唯有如此，才能使自己得到激励，以获得预期中的成功。

5. 创立一个和谐的人际环境

学会与人为善，平日里，与家庭、同事、朋友搞好关系。经验表明，只有当个人生活在快乐、融洽与和谐的气氛中时，才有可能获得开朗的性格、愉快的心境与健康的身心，才会让自己远离疲劳，即使感觉到疲劳，也会很容易便消除。

6. 对自己进行意志磨炼

意志坚强者不仅会在生理疲劳时依然可以顽强地生存，而且，在心理疲劳时，他们也往往能够克服自己内心升起的惰性，使自己顺利地完成任务，达到既定目标。因此，平日里，个人应该学会对自我意志进行磨炼，培养起敢与困难做斗争，胜不骄、败不馁的顽强意志。

当你发现自己出现了沮丧压抑、工作效率降低、心烦意乱、头晕头痛等症状的时候，你便应该明白，自己已经处于心理疲劳状态下了。此时，你需要考虑的不再是如何改变自己的想法，再努力一把、奋力向前冲，而是暂时停下来，为自己留出一段彻底放松的时间。若你的心理疲劳已然发生，但是休假却遥遥无期，不妨让自己试着忙里偷闲，偶尔请半天假，让自己找个清幽的地方逛街或者想想事情，同样可以起到缓解心理疲劳的作用。

3. 想哭的时候，不妨笑一笑

每当感到失落、压抑、困惑、不自信的时候，不妨给自己一个微笑。你的微笑，首先是给自己的，当你绽开笑脸时，实际上已经在给自己一个暗示：我很快乐。微笑将驱走你的焦虑和烦闷，带来轻松、愉快和自信，让自己一下子就有了面对这世界的信心，有了克服困难的决心。

一个名叫英格莱特的人，很多年前，他得了一场大病，康复以后，却发现又得了肾脏病。他去找过好多个医生，甚至去找巫医，但谁也没办法治好他。

之后不久，他又患上了另外一种病，血压也高了起来。他去看一个医生，医生说他已经没救了，患这种病的人离死亡不会太远，他建议英格莱特先生，最好马上料理后事。

英格莱特只好回到家里，他弄清楚他所有的保险全都已经付过了，然后向上帝忏悔自己以前所犯过的各种错误，坐下来很难过地默默沉思。

家里人看到他那种痛苦的样子，都感到非常难过，他自己更是深深地陷入颓丧的情绪里。

这样，一周过去了，英格莱特先生对自己说：你这样子简直像个傻瓜。你在一年之内恐怕还不会死，那么趁你现在还活着的时候，为何不快乐一些呢？他挺起胸膛，脸上开始绽出微笑，试着让自己表现出很轻松的样子。开始的时候，他极不习惯，但是他强迫自己快乐。他每天都会对着镜子跟自己说："笑一笑呀！"

接着他发现自己开始感觉好多了——几乎跟他装出的一样好。这种改进持续不断。他原以为自己早应躺在坟墓里，但现在，他不仅很快乐，很健康，活得好好的，而且，他的血压也降下来了。

“有一件事我可以肯定的是：如果我一直想到会死、会垮掉的话，那位医生的预言就会实现。可是，我给自己的身体一个自行恢复的机会，别的什么都没有用，除非我乐观起来。”英格莱特先生自豪地说。

是的，他现在之所以还活着，是因为他发现了乐观这个秘密。

生活中有哭有笑，构成了多彩的画卷。该哭的时候要哭，该笑的时候要笑。但是，许多时候，笑比哭好。

笑其实是一种行之有效的、积极的心理暗示。它能对人的情绪和生理状态产生良好的影响：调动人的内在潜能，发挥最大的能力。而消极的心理暗示则对人的情绪、智力和生理状态都会产生不良的影响。

人是十分情绪化的动物，难免会受到不良情绪的影响，善于控制自己的情绪，不要让消极的暗示力量占主导地位，这关系到你内心是幸福的，还是不幸的。遭遇困难和打击时，我们应该对自己说：我很坚强。给自己一个微笑，这样的心理暗示力量必将给你战胜苦难的勇气和信心。

想哭的时候，努力让自己笑一笑，这实际上是选择快乐，与抑郁情绪说拜拜。说起来容易，做起来难，那么我们应该如何去努力呢？

1. 要积极地想，不去消极地沉迷

想哭，是因为受了委屈，或者遭受了打击。这其实是生活里的风雨，再正常不过了。因此，即使面对苦难、被误解了，也要积极应对，拍拍胸脯让自己昂起头，千万别一股脑地朝消极的方面想。等积极的想法涌上心头，愁苦也就下了眉头了。

2. 心里再苦也要嘴角微笑

心里痛苦的人，不会有笑容；但是，想哭的时候，勉强让自己的嘴角翘起来，你会被自己的笑容打动，而破涕为笑。原来，没有什么不可能，哪怕你正经受着巨大的伤痛，只要努力笑一下，心情真的可以改变，走向积极的一面。

笑与哭，从来都是心情的玩伴，他们本身没有对错。你要有敢笑敢哭的勇气，也要有破涕为笑的狡黠，让生活多一丝亮色，而别被抑郁的乌云遮蔽了阳光。想哭的时候笑一下，这是生活的艺术，也是对自己的关爱。

4. 打破烦恼的习惯，做个快乐的人

很多人都遇到过烦恼，你可能曾经与烦恼擦肩而过，也可能与烦恼亲密接触过，因为烦恼会带来各种负面情绪，所以烦恼是不为我们所喜欢、所接受的。

烦恼的人没有快乐可言，所以想让快乐相伴，就要学会把烦恼抛在脑后，使自己拥有一个无忧无虑的人生。

有一次，卡耐基在帮刷洗盘子的妻子擦干碗盘，那时，他得到一种启示："我太太是一边洗碗一边唱歌，我看在眼里，不由默默地告诉自己，'老兄！请看吧！她多么快乐。你们结婚已经18年了，她也洗了18年的碗。如果在结婚时她就先想象此后必须洗18年碗盘，若将那些油污的碗盘堆积起来连大仓库都容纳不下。如从这种观点着眼，保证会吓退所有的新娘。'"

因此，卡耐基再度告诉自己："妻子之所以对洗碗盘不致感到厌烦，是因为她一次只洗一天的碗。"从而，使他了解烦恼之所以来了是因为经常持着"今天的碗、昨天的碗以及没用过的碗，统统都要洗"的心态。

而且，卡耐基还认识到了自己的愚蠢——每个礼拜天早上都要站在讲台上，口沫横飞地告诉人们应该如何生活等等，自己却过着充满紧张、烦恼和忙碌的生活。

想到这里，他不再烦恼了。没有多久，他的胃痛也消失了，和失眠也绝缘了。

总结自己的成功经验，卡耐基说：“我会把昨天的不安一股脑儿抛到纸屑篓里，同时，我也决不考虑在‘今天’洗‘明天’的脏碗盘。”“烦恼是一种习惯——而我，老早已打破这种习惯。”这其实是许多人的心声。

生活中，不让烦恼侵袭自己，做一个快乐的人，你的生命才会更有意义。与烦恼再见，需要智慧。当然，最重要的是做好下面两点。

1. 在任何情况下都不为任何事烦恼

约翰·D. 洛克菲勒在33岁的时候，赚到了人生第一个100万美元。43岁时，他建立了“标准石油公司”——世界上最大的垄断企业。不过，53岁时他却因为烦恼、贪婪、恐惧和高度紧张的生活，健康受到严重损坏。

当时，失眠、消化不良、掉头发，精神趋于崩溃的肉体表征使洛克菲勒整个人“看起来像个木乃伊”。医生警告说，他必须在死亡和退休之间做一抉择。他选择了退休。于是，便有了他“死于”53岁，但一直活到98岁的传奇人生。

避免烦恼，在任何情况下决不为任何事烦恼。洛克菲勒遵守了这项规则，保住了自己的性命。他从事业上退休，学习高尔夫球，整理庭院，和邻居聊天、打牌、唱歌。

同时，他也在做一些更有意义的事情。他开始考虑把数百万的金钱捐献出去，帮助更多需要帮助的人。在获知密歇根湖湖岸的一家学校因为抵押权而被迫关闭时，他立刻展开援助行动，捐出数百万美元去援助它，将它建设成为举世闻名的芝加哥大学。

生活中充满了不尽如人意的事情，那么能够不为此烦恼的人，才能保持理性的头脑，拥有无烦忧的时光。而你自己看淡一切，不为人和事烦忧，则是这一切的基础。

2. 把工作和生活区分开来

许多成功人士都养成了一种习惯——将工作和生活截然分开。当从一种工作转移到生活中去的时候，他们可以把此前的所思所想一律抛开。每天工作结束时，立刻将所有工作上的问题从心里悉数扫光。谁拥有了这套本事，谁就没有了不必要的烦忧。

工作就是工作，生活就是生活，把二者分开才能拥有幸福的人生。虽然成功需要有工作狂的精神，但是每种工作通常会留下未解决的问题，如果我每晚都将这些问题带回家去伤脑筋，势必残害我们的健康，从而失去处理它们的能力。没有自己的生活，是一种短视行为。

每个人的生活道路都不可能是平坦的，每个人的生活都可能会不尽如人意。如果我们主观上不能阻止那些令人不快的事情发生，就应该尽力忘记它，尽量避免与生活中的那些烦恼纠缠不休。这是保持愉快心情、调整心态、笑对人生的一个很重要的方法。

重新拾起那往日的不快，无疑是让我们重新经历一次不堪回首的伤痛。我们要学会忘记那些必定会左右我们的情绪，将让我们精神不爽、刻骨铭心的烦恼抛至九霄云外，不让它们干涉我们的生活，禁锢我们的思想，搅乱我们的情绪。忘记生活的单调，就会使我们随时都能快乐地面对人生。

5. 学会摆脱厌倦，重新激情上路

大多数人每天都在重复着千篇一律的生活，上班、吃饭、睡觉。如此单调的生活，你是不是经常会有厌倦的感觉呢？是否感觉工作的时候，经常打不起精神呢？对于一份你已经厌倦了的工作，你觉得还可以有创新，有新的发展吗？厌倦的情绪只会让生活更不如意，保持激情，生活也将充满新鲜与快乐。那么，让我们来摆脱厌倦的情绪，收拾好行李，充满激情地重新上路吧！

每当太阳从地平线上升起，草原上的猎豹就开始寻觅着它们最爱吃的猎物——羚羊，而羚羊们更是高度警惕、时时小心，以免成为猎豹们的盘中餐。多少年来，从它们出现在这片草原时起，就开始了这种速度和生存能力的竞争。到如今，它们都已跻身地球上“奔跑最快的动物”的行列之中。猎豹如果不能追上跑得最慢的羚羊，猎豹就要饿死。羚羊如果不能跑得过最快的猎豹，羚羊就会被吃掉。

在草原上，只有跑起来的动物才能生存，我们在工作中同样如此，只有不断前进，不断加速把其他人甩在后面才有机会。请问你是想庸庸碌碌一辈子做一头驴子呢？还是要做飞快的奔驰可以生存得更好的羚羊和猎豹呢？答案是无疑的，我们要生活得更好，我们要做跑得最快的，所以我们必须充满激情，必须每天快乐地奔跑，不能像驴子一样每天只是混日子。

哈佛大学的一位教授曾经与学员们探讨过有关压力的问题，他说：“我们的生活中不能缺少压力，但是我们也不能一直扛着压力。一杯水有多重？

100克而已。叫你举一分钟，很轻易，让你举一个小时，你会手臂酸疼，让你举上一天，恐怕就要为你叫救护车了。”

压力正是如此，如果不每天下班之后，把来自工作的压力放下，而是每天扛着，时时生活在压力中，难免会难以抑制地产生厌倦心理。若是不想厌倦，每天都充满激情的话，那么你就不要把压力带回家。我们可以通过调适、休息等各种手段让自己得到放松和恢复，从而更好地投入到工作中，以实现人生的价值和理想。记住，很少有人会因为劳动而死，无所事事和游手好闲反而会给生命带来危险。只有正确面对压力，我们才能够快乐地工作，才能够时时保持激情，逃离厌倦。

皮特今年33岁，还在一个公司做小职员。凭他的学历、资历、经验，完全可以胜任公司管理层的职务。之所以还是一个小职员，正是因为他从来没有在一个公司工作超过两年，一直在不停地跳槽。当我问到跳槽的原因的时候，张先生说，他每次找到新的工作，刚开始的时候总是充满激情，但是三个月之后，他就会渐渐地开始厌倦现在的公司、现在的工作模式，以后的日子完全就是抱着当一天和尚撞一天钟的想法，然后准备寻找下一份工作。

皮特因为不能摆脱自己的厌倦心理，不停地跳槽，或者每天混日子，以至于不能升迁，这不就是前文中我们所说过的驴子吗？我们要做疾驰的羚羊或猎豹，不要做驴子，所以我们必须摆脱厌倦的情绪。

摆脱厌倦情绪，就像卸下了身上背负的重担，才能够快速地奔跑；摆脱厌倦情绪，才能对我们的工作充满激情；摆脱厌倦情绪，才能坚持不懈持之以恒地坚守工作岗位迎接一次又一次机会的到来；摆脱厌倦情绪，才能满怀希望地走在通往成功的道路上。很多时候，你只需换一个角度去思考，就会对自己的工作充满乐趣。所以，让我们摆脱厌倦情绪，让我们对工作充满激情，重新上路吧！

6. 用积极的心态把压力变成动力

梅琳是某大型集团分公司一位非常优秀的人力资源主管，顶头上司对其工作表现和能力赞不绝口。这次集团总经理到各个分公司巡查工作，上司想让她在大会上做相关工作汇报，借此机会推荐她去另外一个分公司任人力资源总监。

对于梅琳来说，这是非常难得的晋升机会，所以她非常重视。在她的企盼中，这一天终于到来了，她怀着紧张而兴奋的心情出席了会议，并做了工作汇报。然而出乎她意料的是，在演讲的时候，一向从容的她竟然心跳加速、小腿发抖，漏掉了许多之前已经背得滚瓜烂熟的要点。而蹩脚的表现也让她与这次晋升机会失之交臂。

一直都表现优异的梅琳为什么会失误呢？其实，在一颗平常心之下，梅琳自然可以正常发挥自己的水平。然而，面对得失，太想获得晋升机会的心态让梅琳失去了平常之心，压力过大，影响了发挥。与梅琳相反，韦伯却因为没有压力，而使得自己的工作效率低下。

韦伯从事财务工作多年，从进入公司的第一天，他就将成为公司的财务总监作为了自己的目标，而他也一直为此努力着。经过自己的不断努力，不久前，他终于达成了愿望。然而，多年的愿望一夕成了现实，欣喜当然不言而喻，可是他却陷入了迷茫中。没有压力，没有动力，在工作中，好几次出错，如果不是核查人员细心就很有可能会给公司带来很大的损失。

职场中，相信每个人都经历过或者碰到过类似的情况。那么，压力与工作效率之间到底存在着怎样的关系呢？

梅琳的失误和韦伯的低效率都可以用心理学理论中的“叶克斯—道森定律”来解释。所谓“叶克斯—道森定律”是指压力与行为效果之间存在着一种“倒U型”关系，适度的压力水平能够使行为效果达到顶峰状态，过小或过大的压力都会使工作效率降低。

1908年，心理学家叶克斯和道森通过动物实验发现：个体智力活动的效率和个体焦虑水平之间存在着一定的函数对应关系，表现为一种“倒U型”曲线。换言之，当工作难度提高时，个体焦虑水平也会增加，进而带动个体积极性、主动性以及克服困难的意志力的增强，此时焦虑水平能够对效率起到促进作用；当焦虑水平为中等时，能力发挥的效率最高；而当焦虑水平超过了一定限度时，过强的焦虑造成个体的心理负担，进而对能力的发挥又会产生阻碍作用，使效率降低。

也就是说，压力感过轻过重都不利于工作效率。压力感过轻会使人过于放松，忽略了防范风险，同时还有可能使人养成回避责任的习惯，这对于事业发展来说是非常不利的；而压力感过重，也会影响正常水平的发挥，导致工作效率低下。因此，对于职场人来说，要善于管理压力，将自己所承受的压力控制在适度的水平上，这样才能让自己集中注意力，提高忍受力，增强身体活力，减少错误的发生，提高工作效率。

压力虽然会对人们的心理造成负担，但如果学会转化，就可以把压力变成动力。下面四个方法，供大家参考：

1.“享受”挑战

不如意时，人们习惯于把办公室看成“地狱”，却没有想过，地狱和天堂只是一念之差，消极看待会让自己更加疲惫。把挑战看成对自己能力的肯定，能享受到特别的惬意和满足感。

2. 热爱“麻烦”

工作中，棘手的难题一个接一个，令人头痛。可是，“办法总比困难多”，若能控制不良情绪，用逆水行舟的勇气面对，便能激发潜能、战无不胜。比起一帆风顺，相信这时你能得到更大的成就感。

3. 改善环境

隔一段时间，找些喜欢的装饰品，给办公桌换个装扮，创造一个新鲜环境，不仅能激发好奇心，对提高工作兴趣也大有好处。此外，把代表工作成就的纪念品摆出来，也能刺激自信心和工作斗志。

4. 开个玩笑

幽默能给人注入热情，消除紧张，使情绪状态达到顶峰。适当开玩笑、说个笑话，会给工作增色不少。就像幽默大师哈维·明迪斯博士所说的，我们有选择悲剧或喜剧的自由。

有些压力来自于外部因素，是不可控的，比如面对强大的竞争对手，可以灵活地将压力变为动力，激发更多的工作热情。在消除压力前，首先要找出压力的来源并区别对待。有些压力是可以避免的，比如人际关系复杂造成的工作压力；而有些压力，比如来自工作本身的压力，虽然是不可避免的，但是也可以通过提高自身的工作能力和心理承受能力来解决。

7. 用宣泄来为自己减压

当人们悲伤和痛苦的时候，总是希望得到别人的帮助与分担，但是在没有合适人选的时候，我们就要学会自我宣泄、自我释放。发泄可以减轻心理负担，保证心理健康，同时也是成功控制情绪的表现。要学会用发泄来为我们的心灵打扫卫生，保持心理的清洁。

尼古拉斯经常与人发生激烈争吵，有时候他被朋友劝阻了，但是仍然气愤难平，这种糟糕的坏情绪总是会延续到第二天，最后发泄到家人身上。久而久之，大家都不太喜欢和尼古拉斯有过多的接触，尼古拉斯的人缘也越来越差。

后来，大家发现尼古拉斯变了，他脾气似乎不那么暴躁了，与人吵架之后不再气愤难平，而且也能很快恢复平静。当人们问他原因的时候，尼古拉斯说："我能变得平静，全靠一篇歌颂雷电的诗篇。"

接着，尼古拉斯还现场朗诵了一段："雷！你那轰隆隆的声音，是你车轮子滚动的声音！你把我载着拖到湖边上，拖到江边上，拖到海边上去呀！我要看那滚滚的波涛，我要听那咆哮，我要到那没有阴谋、没有污秽、没有自私自利、没有人的小岛上去呀！我要和着你的声音，和着那茫茫的大海，一同跳进那没有边际的没有限制的自由里去！"

原来，尼古拉斯在生气时就朗诵这样的诗句，顿时感觉心里的不满全被发泄出来了，情绪自然也就平静了。

现代生活中，人们每天要面对各种各样的压力，不论是来自家庭、事业，还是感情、人际关系，如果这些压力一直得不到正确宣泄，就会形成沉重的心理负担，若心理负担还是得不到排解，那么就容易形成抑郁症。尼古拉斯虽然还没有发展成为抑郁症，但是他糟糕的情绪已经给他的生活造成影响，大家都开始害怕和他接触，最后的结果可想而知。

人对于消极情绪的承受能力是有一定限度的。就像一个人不能总是背着沉重的石头走路，这样不仅会减缓前进的步伐，甚至有一天这块石头会把你死死地压住，动弹不得。

一个人想要成功就要懂得轻装上阵，适当地发泄自己内心的积郁，让你的心灵变得轻盈，你才能在成功的道路上越走越快，也只有轻盈的心灵才能让你有一份美丽的心境去欣赏沿途迷人的风景。既能获得成功，又能享受成功的过程，这样的人生才是饱满和谐的。而达到这样一个目标就要学会合理发泄。

要怎么样发泄内心的不良情绪呢？下面我们就来介绍一些有用的办法。

1. 学会哭泣

现在的人们被告知要“坚强”，但是坚强并不表示你要忍住泪水。哭是人们感情的自然流露，在传统的观念里，哭就表示软弱，但是无论是男人还是女人，在重重的压力下能哭出来是一件好事。哭泣在人们遭到严重的精神创伤、陷入可怕的绝望和忧虑时是一剂良药。

激动时候的眼泪带有应激激素，而且蛋白质含量非常高，这种蛋白质是对身体有害的物质，所以就算哭泣会让你难堪，但它表明你糟糕的情绪已经损害了你的健康，而哭泣则可以把那些有害物质排出体外，减少压力对身体的危害。

2. 喊出你的压力

很多时候不正确的发泄方法会让你承受不良后果，所以找到一个合适的地方来喊叫可以帮助你释放压力。

喊叫法就是通过急促、强烈、粗犷、无拘无束的喊叫，将内心的积郁发泄出来，从而平衡精神状态和心理状态。

如果你觉得自己不能适应喊叫这种方法，那么唱歌、朗诵都是不错的办法。事例中尼古拉斯就是通过朗诵来发泄自己的愤怒。这些方法可以尽情宣泄你内心的不满和压力，同时你在一个空旷的地方发泄又不会影响到他人。

3. 找到合适的出气筒

任何人都不希望变成别人的出气筒，但是在你饱受不良情绪困扰的时候你就需要一个出气筒。

你可以把你所有的不满和怨恨都写在纸上，然后烧了它，让你的烦恼随着火焰变成灰烬，接下来就会一切恢复如常；如果你觉得写在纸上还是不能解决问题的话，你可以跑到一个没人的地方，把一切气话完完全全地说出来，甚至可以狠毒一点，这样你心中的压抑情绪自然会释放出来，你也就会变得轻松起来。

压力得到宣泄会让你整个人轻松起来，也能让你看起来和蔼可亲。宣泄压力不能一味地哭泣、叫骂、反击，这样只会让事情更加糟糕。选择一种适合你的宣泄方式，就能让你活得更加轻松愉快。

8. 丢掉情感的垃圾

每个人都会因为压制情感的宣泄而产生大量的情感垃圾，这些垃圾每天都在不断滋生。而我们应该像垃圾桶一样收集分类，才能化解情绪对生活的负面影响。为自己制造一个感情垃圾站，适当地丢掉一些感情的垃圾，才能让情感垃圾的处理链循环起来，让自己的身心轻装上阵。

一对夫妇结婚没多久，丈夫就有了外遇，妻子痛不欲生，但因为还是深爱着丈夫，于是原谅了丈夫，而且丈夫也表示要痛改前非。

夫妻俩平平安安地过了一年，妻子怀孕了，生了一个可爱的小宝宝。这个时候她却发现丈夫每次接电话都神神秘秘地跑到一边去说话，这让妻子想到了一年前丈夫的外遇，她觉得一定是丈夫有问题了，不然为什么每次都神神秘秘的。

于是她趁丈夫洗澡的时候偷偷地翻丈夫的短信和电话，除了几个没有名字的电话号码以外也没什么特别的，但她就是不放心。最后她忍不住和丈夫大吵大闹，她质问丈夫为什么要偷偷地接电话，是不是哪个女人打来的？

丈夫这才恍然大悟，说：“每次我出去接电话的时候你注意到了吗？都是我们宝宝睡得很香的时候，我怕说话太大声会把他吵醒，再加上你身体不好，所以我希望你多休息，不要被我吵到。”妻子听了，泪流满面。丈夫抱着一直哭泣的妻子说：“我知道以前是我不好，但是我希望你可以忘记那些事，把我们之间的那些恶心的感情垃圾都清除了，相信我，我不会再那样了。”妻子点点头，这次她真的可以把心里的那些垃圾清除了。

其实，像前面故事中的妻子一样，一个人想拥有快乐的心境，想要获得成就，就要学会清除情绪垃圾，下意识地为心灵松绑，给心情做一个深呼吸。把心里的垃圾情绪赶走，你才能专心去做事。否则，别人根本就没有办法来帮助你，而你成功的梦想也只能“胎死腹中”。

心里负担的情绪若太多，就会积重难返。当你的心里积攒了太多的感情垃圾以后，你的心灵就会变得杂乱、沉重，这样不利于你的成功与成长。一个真正成熟、有深度的人总是能感受到快乐与轻松，而一个背负太多感情垃圾的人，就会步履维艰。在这种时候就要学着把自己的心打扫一下，扔掉那些已经成为垃圾的感情，这样才能为心灵创造一个舒适的环境。只有在干净舒适的环境中我们才能健康、快乐地生活。要知道，情绪是我们身体和生活中至关重要的一部分，让它干净、自然、整洁是每一个人的责任。

每个人都会为自己居住的房间打扫和装饰，那么心灵的大扫除要怎样来进行呢？

1. 真正地解决问题

很多负面的情绪都是来自生活中的一些问题，比如工作不顺利、丈夫的欺骗、朋友的背叛等。这些负面情绪长久堆积，或是当时处理得不够好，就会形成感情垃圾，等下次再遇到的时候就会更加难过。所以只有你把问题彻底解决了，以后再次提及的时候，你才能够从容面对。

2. 定期检查自己的情感

身体需要做定期检查，情绪也需要。只有检查的时候才能发现垃圾，也才能清除垃圾。检查的时候要注意那些消极的、绝望的、愤怒的情绪在什么情况下出现，如果是因为以前的问题而一再难过，那就快点把它清除了吧！

3. 主动示好

过去的事情无论是谁对谁错，这都不是最重要的，只要你能够主动示好，让自己大度宽容一些，相信那些垃圾一定能够永久清除的。

有些人喜欢把坏心情收藏在心底，久而久之这些坏情绪就变成了感情垃圾，这些“情感垃圾”既侵占感情空间，又污染感情环境，还影响自身成长，严重的还会引发心理疾病。何不定时为自己的心灵大扫除，时刻保持心灵的干净整洁！

9. 放慢节奏，才能走得更远

乔治做事一向注重速度，多年来，这已成为了他不可更改的习惯。每天早上，他开车上班，总是第一个到达公司；同样一份文件，他使用三分钟便看完了，而别人需要五分钟才能看完；他每分钟打字120个，已经遥遥领先于其他同事……可就算如此，他还是认为自己还能更快一些。就连与家人一起吃饭，他都会不断地催促，力图让家人像自己那样，不断地加快、加快再加快。

总之，不管是哪方面的事情，乔治总是期望自己是第一个做完的人，虽然大部分时间里他就是如此，但他依然认为，自己的速度明显不快，还需要、还可以获得大幅度的提升。

像乔治这样，一味地追求速度，其实已经不再是一种力求完美、让自己变得更优秀的表现了，而是一种心理疾病——它是一个人在做事时，总认为自己速度不够快，从而提醒自己要不断地加快速度的一种不良行为习惯。乔治就是此类习惯的代表人物。

可以说，这种“速度病”就好比在以百米冲刺的速度跑马拉松，然而在比赛结束时，元气已经大伤。做事时，追求快速与高效固然很好，但是，过分地追求速度，便是一种病态了。一直让自己行走在生活的快车道上，并使它渐渐地成为自己的一种固定生活方式，你不仅会因为担心时间不够用而承受巨大的压力，同时，个人的身体健康也会受损：生活过度快速会使机体的免疫功能受到抑制，从而诱发各类疾病。既然速度病对人体如此有害，那么，我们最好随时警惕。以下是几种用来检测你是否患有速度病的好方法。

1. 时间预测法

让你的朋友或者助手来计时，然后你来估计一分钟有多长。在坐下来以后，你应保持完全的放松，并闭上眼睛，什么都不要想，当你的助手喊“开始”后，你感觉一分钟已经过去时，就说“时间到”，看看你估计得是否准确。

在做这个试验时，很多人都低估了时间的长度，他们仅仅在15秒后就喊“时间到”了，甚至有人在仅过了7秒后就认为一分钟已经到了，很少有人坚持到整整一分钟。如果你也没有坚持到一分钟，甚至在几秒或十几秒后就喊“时间到”了，那么你已经患了速度病。

2. 情绪预测法

静坐下来什么也不做，你的助手来计时，一分钟后叫“停”。在这什么都不做的一分钟内，你感觉如何？是否觉得时间过得很慢？是否觉得自己悠闲地过了很长时间？或者是有一种“偷懒”的负罪感？如果是这样的话，那么你已经患了速度病。

3. 习惯预测法

当你第二天出去办事的时候，把手表放在家里。这一天结束时，回想一下，你是否经常看手腕想知道当时是几点钟？是这样的话，你也患上了速度病。当我们为任务、截止日期和约会疲于奔命时，我们绝大多数人都习惯于用更小的单位计量时间。这种不断核对时间的做法已经成了习惯，结果就没有意识到自己正在遭受时间的驱使。

当你发现自己已经患上速度病，或者距离速度病不远时，你便要去反思自己的生活了。“速度”不应成为我们的最高行为准则，若不断奔跑就可以让自己在竞争中获得胜利的话，那么，奔跑速度极快的沙漠跳鼠早就可以统治我们的星球了。仅仅让自己速度快是远远不够的，我们必须要知道，我们将要依靠速度跑向何方，我们的人生要怎样更靠近安宁与快乐。

我们曾经以“慢生活”来治疗“一心多用”，如今，我们也可以使用“放慢节奏”来让自己闲一点。但是，假如你不能做到这些呢？假如你的生活节奏原本就是非常忙碌的，那么，这是否意味着，你注定要在焦虑不安中度过一生？

答案当然是否定的，在“速度决定一切”的工作、生活中，有一些小方法能够使你在快速的同时，保持更好的状态：

- 更重视现在，这样的话，生活便会在不知不觉中成为过去；
- 享受你参加的每一种活动，使生活在这些活动中变得更好；
- 让自己更放松，将每一天都过成假日；
- 时刻准备好，以最佳状态去处理困难。

辛苦劳累是过一辈子，轻轻松松也能够过一辈子，为什么一定要如此用力地去抓住生活，我们没有必要活得太累。只有得到足够的休养和补给，人生的路才能走得更加顺畅，否则只能是欲速则不达。与其在不堪重负中缓慢前行，不如顺其自然，走走停停，张弛有度。生活中的所有事情不可能一天做完，要知道，我们自己才是人生的掌控者，走得快、走得慢需要自己来控制，何必一定要走得如此急匆匆呢？

Class 5

把愤怒情绪遏制在爆发之前

遇到令人愤怒的事情，人们会产生愤怒的情绪，这是人之常情，我们需要做的是用理智来控制，不要让怒火烧昏了头脑。一个善于利用愤怒的人，会把愤怒藏在心里，慢慢转化成一种惊人的力量，使自己默默地沉着前进，奋斗到底。反之，那些不善于利用愤怒的人，一旦遇到一点小刺激，就立刻大发雷霆，结果不但一无所成，而且常致失财伤身。请牢记：生气，就是拿别人的错误惩罚自己！

1. 不要成为情绪的奴隶

哈佛师生曾经针对情绪控制进行过探讨，并得出这样的结论：弱者会任由行为控制情绪，强者则会由情绪控制行为。这一结论同样适用于个人生气的情况。怒气的产生源自于个人对于外部事物的认识、解释与评价，当然，它与一个人的性格也有着一定的关系，但最终个人的情绪控制能力决定了面对同一件事情时各自不同的反应，强者往往可以坦然面对，弱者却总是会勃然大怒。

十多年前，德维恩不小心在工作中将背部弄伤了，不久，公司便将他解雇了。失去了工作的德维恩一直承受着痛苦的折磨。他是一个非常喜欢生气的人：因为受伤而生气，因为伤口无法痊愈而生气，因为公司的解雇而生气，因为家人与朋友的忽视而生气，甚至，他还会对上帝生气，他认为自己之所以会遭遇这样的痛苦，完全是上帝造成的。

在大多数的时间里，德维恩都会将自己关在家中，他从来不听广播、不看电视，也不回朋友的电话，而且一直为自己的不幸郁郁寡欢。就这样，他将自己完全封闭了起来。只要一有人问起他与从前生活相关的细节，他马上会变得非常生气，眼泪也会突然夺眶而出，脸变得扭曲，同时大声吼叫道：“不知道！去他们的！”

有一天，德维恩难得出门，正在街上走着的时候，他突然看到了一个从前与自己发生过矛盾的同事走了过来。突然，他双手抓着胸口，一下子摔倒在地。随后，他被救护车送进了当地的医院，在那里，他对医生说，自己在看到了那个人之后，便立即火冒三丈，接着，胸口便有一种剧烈的疼痛，而医生告诉他，他不幸患上了心脏病。

之后，愤怒的情绪便再也没有离开过德维恩。在41岁那年，他的心脏病第二次发作。在医院里，所有的家人、权威专家与牧师围在他的身边，向他发放了“最后通牒”：他不能再这么愤怒了，不然死亡很可能会带走他的生命，因为他的心脏再也无法承受这样的刺激了。此时，德维恩的脸上再一次出现了早已习惯的表情，眼泪也跟着流了出来，他大声吼道：“不！我不愿意接受这一切！我宁愿死，也不能不生气！”

他的话语预告了他的死亡：三个星期后，当德维恩再一次对着电话向他人大发脾气时，他的心脏病第三次也是最后一次发作了。当家人发现他的时候，他早已死去，手中还牢牢握着间接导致他死亡的电话筒。

拿破仑曾说过：“能控制好自己情绪的人，比能拿下一座城池的将军更伟大。”不会生气的人是愚蠢的人，不去生气的人才是真正的聪明人。生气是一种习惯，更是一种选择。因为生气往往是一种本能性的泰然、不假思索式的冲动反应，所以，你往往并不能真正明白，你到底是在为了什么而生气，可能，你只知道自己在生气，但是至于其中的缘由，或者说，到底是什么引发了你的气愤，你可能一点头绪也没有。

著名作家欧·亨利曾经与自己的一个朋友一同外出去超市买饼干，在结账时，欧·亨利礼貌地对店员说了一句“谢谢”，但是，店员却始终漠然，从始至终，一言未发。

“这是一个没有礼貌的家伙，他的服务态度这么差！”他们继续前行的时候，朋友不断抱怨道。

“每天下午他都会这样。”欧·亨利耸耸肩。

朋友有些惊讶：“那你为什么还对他那么客气？”

欧·亨利回答：“为什么我要让他来控制我的情绪？”

当你生气的时候，除了进行冷处理以外，还可以采用瞬间转移法来消除自己的愤怒。当你因为受到了批评而生气时，你可以马上转移注意力，去回想一下有哪些事情是能够令你快乐的。当你的情绪变得愉快的时候，你便会逐渐地淡忘那些令你生气的事情。

哈佛心理专家皮亚杰曾说过："虽然对于我们而言，要求自己完全自如控制负面情绪的爆发是一件非常困难的事情，但是，我们应该学会让自己努力地去尝试。"在你感觉到愤怒的时候，可以采用适当的方法来进行发泄，当然，拿别人当出气筒是愚蠢的行为，而听音乐、写日记、跑步则是不错的方法。

2. 愤怒就是一个大号炸弹

富兰克林曾言：事情若以愤怒开始，必然会以羞辱结束。对于哈佛而言，这个备受美国人推崇的智者所评价的“愤怒力量”得到了绝大多数人的支持。而哈佛校长德鲁·吉尔平·福斯特认为：“一旦愤怒将理智之烛吹熄，人类便会陷入黑暗之中。”而哈佛著名心理学教授里德福德·威廉姆斯博士曾经与他人合著过一本《愤怒能够杀人》的书。

哈佛大学有许多心理方面的培训，其中很重要的一个就是对愤怒的管理，因为愤怒不仅经常发生于突然状态下，更是我们日常生活中最难处理的情绪之一。我们怎样才能更好地对愤怒情绪进行了解与应对呢？

在哈佛调查愤怒情绪的实验室中，学者们研究出了一套对自我愤怒情绪进行快速评价，然后采取相应对策的正确方法：

1. 这件事情重要吗？

有时候，你会无法判断自己为眼前的事情而愤怒是否值得，可以试着想象一下，这是你生命中的最后一天，你还会认为自己将为这件事情发火吗？

2. 为此事发火合适吗？

想想你将会如何向自己的朋友、亲人描述这件事情，她或其他任何理智的人会做出同样的反应吗？

3. 事情是可以改变的吗？

可能在你看来，交通的堵塞、下雨的天气、突然的停电的确非常令人气愤，但是这些事情你根本无法控制，你为它们生气，也未免有些太不值，更会让自己被冠上“坏脾气”的恶名。若情况可以改变，你便需要拿出具体而合理的方法来进行改进，例如，若他人一直在打断你的话，你应该不断地训练自己冷静下来，并明确告知对方：“请让我把话说完。”

在考虑过以上问题后，若你认为自己没有必要发火，你便应该不断地训练自己熄灭怒火：

1. 认识自己发怒的原因

你总是因为自己的体重而遭到他人的嘲笑，并因此而火冒三丈？你总被上司理所当然地强制性加班而怒不可遏？你应该预先想好发生这种情况时，可以消除怒气的具体方法。

2. 正视症结

在面对愤怒时，你所需要做的关键在于，不要总是说：“我真是气坏了！”但是却无所作为，而应该对自己的愤怒原因进行确定，然后继续向前。一个简单的要求或者行动都可以让你的愤怒情绪得到改变。

3. 承认他人并不能让自己发火

许多怒火中烧的人往往会习惯于不分青红皂白地任意责备他人，但事实上，让自己的怒气徘徊不去的是自己过度消极的思维方式：只要你总想着让你发火的事情时，你就会一直愤怒。然而，若你可以意识到愤怒情绪源自于自己考虑事情的方式，你便可以担负起控制情绪的责任。

4. 尽量避免使用“愤怒”“生气”一类的负面词语

你应该说：“我不高兴。”因为这样的话语不会进一步激发你的怒火。另外，你需要注意的是，不能说粗话，一旦你开口辱骂了对方，或是使用了更加粗野的词语，你便已经将对方列为了敌人，这会令你更加无法为他人着想，而相互体谅是消除怒气的最好方法。

作为一种强烈的情绪反应，愤怒往往会让我们失去理智。在它的驱动之下，人极有可能做出一些后果严重的事情。在愤怒的时候说话，你可能会做出最出色的演讲，但是，最终的结果却极有可能令你悔恨终生。所以，在生气的时候，若你自己想要讲话，不如先从一数到十；若你非常愤怒，那就让自己先数到一百，然后再开口吧！

3. 天堂和地狱只在一念之间

我们在利益受到侵害时，常常会习惯性地冲动和愤怒，且很容易产生以恶制恶、以暴制暴的想法，这种思想让我们怒火攻心，从而做出不明智的举动。别人的一次无心之失，我们会当成是有意而为之；别人的一次无心顶撞，我们却当成无礼挑衅；别人的一次言语失当，我们却当成是人格上的侮辱。常常只是很小的过错而已，却引燃了我们内心的导火线。

哈佛心理学教授经常会教导学生："天堂和地狱是用心和行为造作的，不要害怕天堂和地狱，要怕的是心的偏向。"

有个意大利警察在街上巡逻的时候，遇见了一个满身酒气的醉鬼正摇摇晃晃地向自己走来。醉鬼拦住警察，要求警察给他一支烟，警察根本不认识他，也无意理会他无聊的举动和要求，所以直接视若无物一般走开。醉鬼有些生气，死死抓住警察的衣角不放手，这让警察有些恼火，这样的醉鬼他见得多了，根本就不当一回事。

然而这个醉鬼显然喝得太多了，死活都要警察给他一支烟，警察于是努力推开他，结果两人纠缠起来。窝了一肚子火的警察警告醉鬼不要闹事，否则就将他带到警局里处理，给他一些颜色看看。醉鬼却丝毫不害怕，反而壮着胆子说："你不就是有枪吗？威风什么，你敢拿枪打我吗？"当时街上围了许多路人，警察感觉自己受到了极大的侮辱。在接下来的争执中，警察没有忍住一时的冲动，拔枪指向挑衅自己的醉鬼，令人难以想象的是，他竟然在下意识里扣动了扳机。顷刻间，一条人命消失在他的枪下。看着醉鬼的尸体，警察瘫倒在地。

一切不过是受了心念的驱使而已，心中如何想，如何看待，那么行为举止上就必定会做出反应。很多时候未必是别人伤你有多深，只是自己太容易浮躁地做出决定；很多时候未必是对方有多么坏，而是我们太过于敏感和冲动。做好一件事或做坏一件事，也许需要一个过程，但是做对一件事和做错一件事往往只在片刻之间。在错误的念想之中，一件事情即便卑微如尘也会铸成大错。

有个武士向一位禅师请教天堂和地狱的问题，禅师没有直接做出回答，只是看了看这个武士，然后突然冒出这样一句话来："你虽然是一介武士，但是人长得又笨又丑，相信没有人会重用你的。"武士诚心前来请教问题，却不想受到了这番莫名的羞辱，心中非常气愤，于是拔出了身上的佩刀。

禅师没有后退，也没有半点害怕的意思，随口淡然地说道："地狱之门由此打开。"武士吃了一惊，立刻醒悟过来，然后把刀丢在了地上，向前深深地鞠了一躬以表歉意，禅师立刻笑着说道："天堂之门由此打开。"武士听后，终于领悟了何为天堂、何为地狱。

其实，天堂和地狱就在于人的一念之间。世界的美好、世间的罪恶、世间的形形色色都是人心幻化的。人的一念便是一个世界，人生的一念生出是是非非、浮浮沉沉，人的一念造就了生活的幸福与不幸。

天堂和地狱就藏在平常生活中，用心生活的人就能发现人间天堂，浮躁不安的人容易走进人间炼狱。心灵是打开天堂和地狱之门的一把钥匙，人心有善恶之念，世界中自然就会显现出天堂和地狱的分别。你念它是天堂，它就是天堂，你念它是地狱，它便成为了地狱；你心中记挂着幸福，自然处处都是天堂，你心中放不下苦难，自然处处都是地狱；宽容于人的大度，人生便是天堂；报复于人的恶行，造就人生的地狱。

天堂和地狱来自于人心一念之间的抉择，所以天堂和地狱的距离也许只在刹那间的一个转身而已。当我们冲动浮躁的时候，要努力克制自己的情绪，要及时消除心中的恶念，防止自己陷入到人生的沼泽之中。

人生的错误总是在不经意的一次自我放纵中形成的，而且哪怕是一丝一缕的邪念也足以焚毁自己。不要等到酿成了大错，才来追悔当初的“一念之差”；不要等到自己痛苦不堪，才来责备自己的浮躁冲动；不要等到无可挽回时，才想到自己没能及时做出正确的决定。人生没有多少机会可以重来，没有多少错误可以弥补，当我们走进地狱时，等待的也许就是永不超脱的苦痛，所以一念之下必须要做出明智的选择，必须要懂得及时控制住自己的情绪。

善念恶念不分大小，但是错误却有大有小，有位哲学家说：“小罪就是当你意识到罪恶后，坚决在三秒之内放弃念头，若恶念停留超过了三秒，那便是大罪了。”天堂与地狱时时萦绕在心中，但这一念之差并不可怕，因为人生还有选择的机会，只要心境淡定，就一定可以做出最明智的选择。

4. 体谅是最贴近人性的心灵沟通

有个年轻人急匆匆赶上了公交车，因为车上比较挤，他一上来便被人踩了一脚。当时他没有在意，可是没过多久，那个踩他脚的人再一次踩了他。年轻人有些不满，但忍住怒火，礼貌地提醒对方说："先生，您已经踩了我两脚了。"对方连忙向他道歉，年轻人便没有深究。

然而过了一会，对方再次踩到了他的脚，年轻人完全被激怒了，他认为对方是有意捉弄和欺负自己，于是冲着对方大喊："难道你瞎眼了么？"对方没有说话，只是羞愧地低下了头。等到公交车到站时，年轻人怒气冲冲地下了车，结果发现那个踩他脚的人拿着一根棍子慢慢地探路，原来对方真的是一个盲人，年轻人后悔不已。

我们总是执着于错误的事实，却很少去查究造成错误的原因，所以我们从来都不愿轻易地体谅别人的过失，而是草率地将这种错误当成别人身上的一种习惯，事实上每个人都会有生活的难处。当自己犯错时，我们很容易就原谅了自己，而当别人犯错时，我们却紧紧纠缠住对方不放，千方百计地要讨回一个公道，我们有一千个理由和借口来解释自己的错误行为，而只需一个理由就完完全全地将别人的过失定性为"罪恶"。

然而人生应该更加豁达一些，要懂得去包容别人的过失，要"以责人之心责己，以谅己之心谅人"。当别人犯错时，我们要懂得去谅解对方，要给予充分的包容，对方之所以这样做一定有特定的理由，我们不应该简简单单地就将对方的错误行为当成习惯性的犯错，然后毫不留情地予以批判和反击，很多时候，我们犯下了比犯错者更为愚蠢的错误。

我们总是抱怨工资给得太少，抱怨自己不被领导重视；抱怨生活太过艰难，抱怨社会太不公平；抱怨爱人不够善解人意，抱怨爱人不够温柔，然而人人都有自己的难处，社会也有它的难处，我们不妨易地而处，自己是否又会比对方做得更好呢？很多时候，我们应该多站在对方的角度去考虑问题，对方这样做一定有自己的道理，如果自己遇到这样的问题，又该怎么办？

有时就连最亲近的人也会犯一些错误，他们也会对你造成伤害，但这只是生活的一部分，“人至察则无徒”。我们没有必要整天都抓住别人身上的缺点不放，这样的人活得实在太计较太累。

大画家毕加索得知有人冒充自己作假画后，淡定地说：“作假画的人不是穷人就是老朋友，我是西班牙人，不能和老朋友为难，而且那些鉴定真伪的专家也要吃饭，而我也并没有吃什么亏。”当别人犯错时，我们首先要努力找出对方犯错的原因，站在对方的角度看问题时，也许就能够理解对方的行为，也才会明白自己的狭隘。

有一对夫妻经常因为吃苹果而吵架。妻子认为苹果皮上面沾有农药，吃了会有损健康，而且苹果皮也并不好吃，所以每次都丢掉，但是丈夫却认为苹果皮非常有营养，对于身体健康很有益处，至于农药完全可以用清水洗干净，根本不存在残留毒素的问题。

男子抱怨妻子太过浪费，而妻子则坚持认为丈夫的吃法不够健康，每次都要削皮，所以每当两人买回来苹果时，总是要大吵大闹。一次，男子向朋友诉说此事，朋友劝他说：“你为何不去体谅一下对方呢，每个人都有不同的生活习性，夫妻之间应该相互体谅和包容。”男子有些愧意，不过依然对妻子的浪费行为感到难过，朋友接着说：“如果你把她削下来的苹果皮拿来吃掉，那么事情不就得到圆满的解决了么。”男子听完，恍然大悟。

我们常常会把别人的错误记在心上，斤斤计较，不肯轻易放下，然而世事都讲究因果关联，没有什么事是毫无因由就发生的。我们不要把误会当成犯错，不要把无心之失当成有意为之，世界或许并不完美，但没有必要把世界想得太坏，生活也许充满无奈，但没有必要把生活看成一无是处。很多时候，我们需要用更宽容更豁达的眼光来看待人世浮浮沉沉。

当你懂得体谅别人、体谅世界的时候，幸福其实就已经离你越来越近了。一颗能够容纳别人错误的心灵，也必定装得下一个幸福的人生。每个人都希望自己的人生能够更有意义更富内涵，人生或许应该增加一些分量，但生命的重量不在于你承载了多少别人的错误，而在于你包容了多少别人的错误。

落叶无须去抱怨风的残忍，也无须抱怨树的薄情，要么是自己太过脆弱，要么是秋天已经到来；阳光无须埋怨乌云的阻拦，也无须埋怨风雨的侵蚀，要么是自己的双眼太容易被遮蔽，要么就是人生需要一个雨后的彩虹；星空无须怨恨明月销蚀了自己的容颜，也无须怨恨没能得到一个展示的机会，要么是黑夜还不够沉黯，要么是自己离得太远；我们也许注定都会有一个伤口，然而无须去愤怒，也无须去指责，要么是一次美丽的误会，要么就是对方爱你爱得太深。

5. 发火之前请先数到十

一对新婚夫妇的生活并不好过，总是要靠亲友的接济才能度日。在他们结婚半年后，男人对妻子说："亲爱的，我想出去闯一下。我一定会努力工作，挣足够多的钱回来。到那时，我就可以让你过上体面的生活了。不过，我不知道自己这一走，要多长时间才能回来。只希望你能耐心、忠诚地等我回来，因为我会对你永远忠诚。"

妻子答应了男人的请求，他们含泪告别。

在离开家一个多月后，男人在离家很远的一个庄园里找到了工作。他要老板答应自己一个条件："在这里工作的每一天，我都会尽心竭力。但是，到了我认为该要离开的时候，希望您能让我走。平时，我也不想支取报酬，请您将我的工资全部存在一个账户里就行了。到我离开的那天，您再一起给我吧！"庄园老板同意了他的请求，双方签了协议。

没想到，男人一干就是十八年，中途也没有回过家，他想等钱攒够了再回去。

终于有一天，男人对老板说："我想回家了，请您把我的工资都给我吧！"老板说："好吧，我会按照我们的协议办事的。不过我有个建议，要么我给你钱，你走人；要么我送给你一条忠告，但不给你钱。你自己好好做决定吧。"

男人左思右想后，找到老板说："我决定要那条忠告。"

老板提醒男人说："你可想好了，如果给了你忠告，我就不会再给你钱了。"

男人坚持说："我还是想要那条忠告。"

于是老板送他一句话："不要在冲动的时候做任何决定，否则这个决定将会成为你一辈子的遗憾。”

接着，老板又对男人说：“这里有三个面包，两个给你路上吃，这个大的就等你回家后和妻子一起吃吧。”

于是男人带着急切的心情踏上了归途。为了早日见到自己日夜思念的妻子，他披星戴月地往家赶。原本要走二十多天的路，他只花了半个月就走完了。

到家的时候，正是黄昏，男人远远望见自己的小房子，那里正炊烟袅袅。然后，他依稀看见了妻子的身影，此时她正坐在院子里，一个男子伏在她的膝头，她抚摸着他的头发。当看到这一幕时，男人顿时觉得怒火中烧，仇恨染红了他的眼睛。他恨不得跑上前去杀了他们。然后，他忽然想起了庄园主给自己的那条忠告，于是，他吸了口气，冷静地走进了院子。

当男人刚走到院门口，妻子就认出了他，并飞快地跑向他，顺势扑进他的怀里。男人的手抬起来，停在半空中。他紧紧地盯着院子里那个陌生的年轻男子，心里的怒火燃烧着，但他什么也没说。这时，妻子忽然想起什么似的，对着那个呆掉的男子叫道：“亲爱的，还不过来拥抱一下你的父亲。”

男人惊呆了，然后，一家三口激动地抱在了一起。妻子继续忙着做饭，男人给儿子讲述自己的经历。接着，一家三口坐下来准备吃面包。当男人把那个最大的面包掰开，发现里面竟然是一大捆钱——他十八年来的所有工资！

愤怒是一种复杂的本能，它以多种方式对个人与社会上的各种关系产生着影响。有些人很容易愤怒，他们总是处于一触即发的状态下；有些人总是永远一副受气包的模样，实际上却是将愤怒压抑在了内心深处；有些人在这里受了委屈，却会转向别处发火……对于愤怒，不同的人有着不同的处理方法。

林肯是美国历史上最伟大的总统之一。他既善于控制自己的情绪，也善于帮助部下控制情绪。

有一天，陆军部长斯坦顿来到林肯的办公室，气呼呼地对他说有一位少将用侮辱的话语指责他。听完了他的唠叨，林肯建议斯坦顿写一封内容尖刻的信回敬那位少将。

“可以狠狠地骂他一顿。”林肯说。

斯坦顿立刻写了一封措辞强烈的信，然后拿给林肯看。

“对了，对了！”林肯高声叫好，“要的就是这个！好好教训他一顿，写得太棒了。”

但是当斯坦顿把信叠好装进信封里时，林肯却叫住他，问道：“你干什么？”

“寄出去呀。”斯坦顿有些摸不着头脑了。

“不要胡闹，”林肯大声说，“这封信不能发，快把它扔到炉子里去。凡是生气时写的信，我都是这么处理的。这封信写得好，写的时候你已经解了气，现在感觉好多了吧，那么就请你把它烧掉，再写第二封信吧。”

6. 忍耐是痛苦的，但结果是愉悦的

我们生活在大千世界中，免不了会与别人产生一些矛盾与摩擦。面对这些不快，每个人的处理方式又各不相同。如果一个人心胸豁达，懂得包容和宽恕别人，那么，他眼中的世界永远是阳光明媚、积极向上的。相反，心胸狭隘的人总是和别人针锋相对、斤斤计较，这样不但会伤害到别人，自己也变得消极落寞。

古希腊神话中，有个英雄人物名叫赫拉克勒斯。这一天，正当赫拉克勒斯在崎岖不平的山路上走着的时候，忽然发现前面有一个鼓起来的袋子。由于路窄袋子太大，挡住了赫拉克勒斯的路。于是，赫拉克勒斯便抬起脚来，用力朝着袋子一脚踩下去。

然而，让赫拉克勒斯没想到的是，那个袋子不但没有被踩破，反而变得越发膨胀起来。作为一个人所共知的大英雄，居然被一个小小的袋子如此欺负，顿时赫拉克勒斯便被激怒了。于是，他抄起一根大木棍，使出了吃奶的劲儿去抽那个袋子，那袋子居然开始加倍地变大，直到最后整条路都堵死了。

正在这时，一位智者出现了。智者满脸和悦地对赫拉克勒斯说道："年轻人，快点住手吧，离这个袋子远一点。你不知道，它的名字叫作'仇恨袋'，如果你不招惹它，它就会缩小到你刚刚看到它时候的样子；可是如果你不断地去侵犯它，它就会膨胀得越来越大。想想看，它把路给堵死了，你还怎么过得去呢？"

扪心自问，我们是不是也经常像赫拉克勒斯一样，有着强烈的"英雄情

结”，在遇到矛盾的时候，轻易不会让自己吃亏，而是向对方步步紧逼。在我们看来，如果自己先做出让步那就是没面子、没尊严。可实际上，这种想法往往只会导致矛盾不断地被激化和升级，最后弄到无法收拾的地步。

其实我们要明白，一时的忍耐和宽容并不至于让我们丢掉面子，丧失尊严。相反，它恰恰是一种心胸豁达、成熟理智的表现。正如哈佛教授米歇尔所说：“如果说敌意和仇恨是一面不断增高的墙，那么忍耐和宽容则像一条不断加宽的路。”

如此看来，我们的确要学会宽容别人，善待恩怨，学会尊重自己不喜欢的人。因为一时的忍耐会让我们避免遭遇更多的不愉快，在宽容别人的同时，也为自己营造了一个安宁的心境。

一位哈佛的心理专家曾做过这样一个实验。他让参与实验的人回忆曾经的一个受伤害的情景。在固定时间内，实验者要用宽容的心态去回忆，然后再用苛责的心态去回忆。虽然是同样的场景，结果却大为不同。实验结果显示，在用苛责的心态去回忆的时候，实验者的平均心率都会有所增加，血压也随之上升。可见，忍耐一时的不满和怨怼，是对我们身心健康极为有利的，因为它能很大程度上消解我们的不良情绪。

假如我们将头脑中所闪现过的每一个意念和日常生活中的每一个举动都保存下来的话，那么我们一定会很惊讶于每个人都变成了堕落、败坏的魔鬼。明白了这一道理，或许更容易让我们懂得容忍他人，就如同容忍我们自己一样。

不得不说，懂得忍耐是一种风格，做到忍耐更是一种风度。善于忍耐的人好比是金子，因炼出心中的渣滓而更加明智；不善忍耐的人，结果则正好相反。

德国神学家肯比斯曾说：“我们很少用同样的天平去衡量邻居。”这句话的意思是说，我们每个人对自己过错的审视，往往不如看待他人所犯的过错那么严重。因此，为了能让自己有一个和谐的生存环境，能让自己的内心更加开阔、豁达，我们既要容忍自己，又要容忍他人。容忍不见得吃亏，而且有可能为我们带来意外的福气。何乐而不为呢？

7. 解开仇恨的结，为灵魂松绑

有位哲人曾说过："世界上有三种人，一种是将字写在岩石上的人，当他们生气时，其怒气犹如刻在岩石上的字，所以仇恨长久不失；第二种是将字写在沙石上的人，其怒气犹如沙石上的字，很快就会消失；第三种是将字写在水上的人，即便听到他人的恶言，也不会放在心上，和和气气，如同在水上写字，当即便消失得无影无踪。"

有个年轻人因为与人结仇，所以成天闷闷不乐。为了摆脱内心的苦楚，他决定找位知名的心理医生，请其帮助他消除内心的痛苦。当心理医生得知他的来意后，笑着对他说："我的办公室外正巧堆放着一大堆砖块儿，你先将自己仇恨的那些人的名字写在上面，然后将它们背在身上。"

年轻人不明白心理医生为什么让他这么做，但依然还是照做了，结果他一下子就背起了十几块砖在身上。过了一会儿，年轻人实在觉得很累，于是就问心理医生自己什么时候可以放下来休息一下。心理医生笑着说："为什么要放下来呢？"年轻人不好意思地回答："背着这么重的东西，谁都会感觉到累的。"心理医生接着说："现在知道负重的痛苦了吧！那你为什么就不愿意放下心中的仇恨呢？要知道背负仇恨远比这些砖块儿更重更累。"年轻人听后，方才领悟对方的用意。

生活中总有那避不了的矛盾冲突，情场、商场、战场、官场、名利场，冲突与矛盾几乎成为了一种必备元素。而面对冲突时，我们总是显得过于浮躁，所以冲突最后往往就发展成为了仇恨，仇恨虽然很容易背负起来，但往往很难放下。因为一个陷入仇恨的人，很容易就失去理智和判断力，总是将对手当成恶魔一样看待，然而实际上只是我们内心被恶魔化了。当一个人带着仇恨去照镜子时，他已经不是原来的自己，对方也不是原来的样子，生活也不是原来的生活。

我们习惯于为自己的损失讨回公道，然而失去的已经失去，无法再去寻回。既然如此，为何不努力珍惜和保护好自己剩下的幸福，以免在无休止的相互伤害中失去更多。不要妄图从仇恨中得到补偿，仇恨往往只会带来更多的烦恼和痛苦，人在仇恨中是寻找不到幸福的，而且它也不是生活的动力。

当一个人用仇恨的眼光看待别人时，生活的土壤里已经种植不了爱，更收获不了幸福，仇恨中一时的快意只会让我们变得更加卑微。仇恨是一把双刃剑，刺伤别人的同时，也会划伤自己，双方都会失去应有的幸福和快乐，而长期陷入痛苦的纠缠之中。严格说来，仇恨就是用自己的幸福砸伤别人的幸福，而谁最先从仇恨中解脱出来，谁就最先得到幸福的眷顾。

鸽子厌恶听到身上的铃声，总是要焦躁不安地挣扎，结果越挣扎越烦躁，它知道铃声的恼人，却不知道只要自己收起翅膀安静下来，铃声就会立刻止息。猫厌恶看到身后的影子而拼命想要摆脱，可越是逃窜，影子越是寸步不离，它单知道影子的困扰，却不知道只要自己走到阴凉处，影子就会消失。人们都厌恶看到自己怨恨的人，认为是对方让自己的生活更加痛苦，却不知道如果自己能够安静下来，放下心中的仇恨，对方也就不再是痛苦的根源。

生活赋予了每个人生气的权利，我们也有仇恨别人的自由，但仇恨需要拿得起放得下，而心境淡定的人，一定能够及时放下心中的仇恨。

我们要用自己的仁慈去宽容别人，当对方伤害你时，不要先想着如何予以还击，而应该坚定地告诉自己："邪恶和错误要从我这里停止。"不要将所有的过错都简简单单地推给对方，一个人首先要学会承担，也许是自己太容易受伤，也许是自己太容易愤怒，也许是自己太过感情用事。

有人说仇恨止于墓地，心中怀抱仇恨的人永远都要活在痛苦之中，这是人生不能承受之重，也是生命不能承受之痛。我们要活在无恨一身轻中，活在光明喜悦之中，倘使人生的这一口怨气不能及时消逝，不知又将错乱多少浮云，不知将吹散多少幸福的人生。

当我们在心中放下一枝玫瑰时，就能够想到爱情的幸福；当我们放进一棵绿草时，就能够想见青春的年华；当我们放进一本《圣经》时，懂得了如何感恩生活。当我们放进仇恨时，注定会将得到一生的痛苦。所以我们需要用宽容和仁爱之心来化解冲突，我们需要在心中放入更多的爱，这样才能及时放下心中的仇恨。

8. 学会欣赏带刺的玫瑰

在我们的身边，总有一些人不够入眼，总有一些事不够完美。你会不会因此讨厌他们，排斥他们呢？大概会，“眼睛里揉不得沙子”，是一些人始终不肯放弃的座右铭。

然而，完美是不存在的。就像最美丽的生物都有毒，就像最妖艳的玫瑰都带刺，这是无可避免的。但我们不能否认，即使玫瑰带刺，它也是浪漫的代表。茎秆上的刺，丝毫无损它的荣誉，更阻挡不了人们疯狂地喜欢它。有些人，有些事，有些道理，亦是如此。

在一所学校里，成绩最好的学生，未必是最听话的学生，他们有可能成天调皮捣蛋，有可能经常和老师唱反调，还有可能和同学打架、闹矛盾。你能因此说他们是坏学生么？他们可能不过只是犯了“青春期综合征”。

在一个公司里，业绩最好的员工，未必是最忠诚的员工，他有可能私下接活儿，也有可能反驳老板的决定，但他们在一定时段内，依然会得到老板的重用。只是因为，他们身上的刺，无损他们对公司的贡献。你能因此说他们不是好员工么？

再比如，一个模范丈夫，在妻子面前忍了一辈子，到了晚年，脾气突然变得暴躁起来，不仅性格变得固执，更是经常和妻子吵架，反驳妻子的话。你能说，他不是一个好丈夫么？那他未免也太委屈了，女人能有更年期综合征，男人为什么不能有？

但许多人，却不懂得这个道理，他们不能忍受身边人的缺点，不能忍受事情被做得不够完美。他们因为玫瑰带刺就无视它的美丽，因为蝎子有毒就忽略它的药用功效。

有一个公司，项目做得非常好，开出的条件也十分优厚，但公司的员工却十分频繁地跳槽。在这个公司里，几乎每隔半年，就会有70%的员工“大换血”的情况。这究竟是怎么回事呢？

原来，问题出在公司的人力总监身上。人力总监是公司的元老之一，做事非常认真，选人标准也十分苛刻。在他的眼里，只有品德好、形象好、专业技术超强、为人老练的员工，才是合格的员工。因此，那些在某方面比较欠缺的员工，便经常被他找麻烦。比如，汤姆今天皮鞋脏了，就被他批评不注重公司形象；艾丽今天待客，微笑时没有露够八颗牙齿，也会被他数落待客礼仪不到位；就更别提那些业务有些闪失，或是工作中出些差错的人了。遇见这样苛刻的人力总监，无法忍受的人，干不到半年，就跳槽走人了。

也许有人会认为，这是竞争的必然结果，但当70%的人都无法忍受时，是不是人力总监自己，也应该反省下呢？

世界上哪有没有缺陷的人呢？就连圣人，私下也有脾气火爆、固执己见的时候，更何况是普通人。所以，学会欣赏带刺的玫瑰，才是智慧的处世之道。

最优秀的老师，不会因为学生太顽皮，就放弃对他的教育，忽视他的优点；最优秀的领导，不会因为员工的某一处过失，就贸然开除，而是会更加看重他的长处，加以利用；最优秀的投资者，也会权衡利弊，当利大于弊时，那些小小的弊端，也不能阻止他勇往直前。

上帝造物，总不会将其造得完美，他总是有意无意地给许多东西添上那么一点小瑕疵。其实，那是为了试炼人类的品性，才故意添上的“败笔”。

难道不是么？心胸狭小的人，只会记恨蜜蜂的尾针，而错过欣赏它们在花丛中曼妙的舞姿；目光短浅的人，只会咒骂玫瑰的尖刺扎伤自己，却不能看见爱人脸上幸福的喜悦。而那些睿智豁达的人，却能将目光直接落在最美丽、最实际的事物上。这样的人，只承认他人的才干，却看不到他人的斤斤计较，只懂得吸收他人的长处，却不会因为他人的短处影响自己。

懂得欣赏带刺的玫瑰，收获的是玫瑰的芳香与幽雅，得到的是心情的愉悦与欢喜。若总是为美丽花朵之下的利刺而叹息，我们所看见的，也不过只是一只扎手的“刺猬”，这又何必呢。

9. 以德报怨是风度的体现

伟大的黎巴嫩诗人纪伯伦曾说："一个伟大的人有两颗心，一颗心流血，一颗心宽容。"也就是说，宽容在我们的为人处世中是极其重要的，就像血液供养我们的身体一样，它供养着我们的灵魂。如果缺失了宽容之心，我们的灵魂就会脱离本真。

一列火车正开往费城，有一个妇女在中途上了车。她找了一节空荡荡的车厢，并选了一个靠窗的位置坐下来。这时，坐在她对面的男人旁若无人地点燃了一支香烟，并深深地吸了几口。妇女一闻到烟味就憋得慌，于是她故意把头扭向窗外，并咳嗽了几声，想以此提醒男人别再吸烟。可是，对面的男人对此毫无知觉，因为他压根就没有注意到她的举动。这下，妇女不再客气了，她大声对那男人说："先生，你是不是第一次乘坐本次列车？你可能不知道吧，这列火车有一间专门的吸烟室，在车厢里是绝不允许抽烟的。"男人听了妇女的话后，愣了愣，然后对她抱歉地笑笑，顺手将手里的香烟掐灭，丢到了车窗外。

不一会儿，妇女见几个穿制服的男人走进了她的车厢。他们径直走到她面前，说："这位女士，很抱歉，你走错车厢了，这是格兰特的私人车厢，请你马上离开。"这些人的话把妇女吓得不轻，天哪，坐在她对面的男人竟然是大名鼎鼎的格兰特将军，顿时，她感到全身直冒冷汗。但格兰特将军却一点儿也没有怪罪她的意思，而是微笑着对自己的下属说："无妨，就让她坐这儿吧。"

格兰特将军的宽容让妇女肃然起敬，而他的仁德也被世人争相传颂。正是凭借着这样一种博大的胸襟，他征服了自己手下的士兵，使他们帮助他打赢了很多胜仗。而他自己，最终也成为了受人敬仰的美国总统。

格兰特将军的故事告诉我们，对他人宽容，也会赢得别人的宽容甚至尊重。多一分宽容，就多一分理解；多一分宽容，就多一分感动；多一分宽容，就多一次让别人重新看待你的机会。所以，不要吝啬自己的宽容，不要挑剔别人的过错，做一个豁达的人，这将对你的人生有益无害。

犹太经典著作《塔木德》中有这样一句话："即使一个非常宽容的人，也很难容忍别人对自己的恶意诽谤和致命的伤害。但唯有以德报怨，忍耐坚持下去，才能赢得一个充满温馨的世界。" 如果你正在对某人心存怨恨，这对你来说是很危险的，因为你将因此而遭受痛苦。我们先要好好思考一下，究竟值不值得如此仇恨一个人，很多事情想开了也就释然了。不要斤斤计较于他人对你犯下的错误，无论这个错误让你感到多么不快，你都要宽恕他，因为宽恕他人等于是让自己获得快乐。

林肯在参选美国总统时，他的竞选对手斯坦顿曾使出一切恶劣手段在公众面前侮辱他，诋毁他，让他形象受损。但是，即便如此，林肯最终还是胜出，当选为美国总统。正当大家都以为斯坦顿就此完蛋的时候，林肯却委任他为参谋总长组建内阁。林肯对斯坦顿的宽容，不仅感动和征服了斯坦顿，也受到了美国民众的赞赏。此后，在跟随林肯的岁月中，斯坦顿总是身先士卒，尽忠职守，以此报答林肯对他的宽容。

由此可见，宽容会让施与受的双方都从中获益，从经济学上来讲，它会促成双方的共赢。

哈佛教授杰西卡·斯特恩曾说过："只有勇敢的人才懂得宽容，懦夫绝不会宽容，这不是他的本性。"不要让你的心蒙尘，不要让你的思想变得狭隘。学会用包容的心态对待自己和他人，大事会化小，小事会化了。当你用微笑和原谅来和解芥蒂，那么恭喜你，你的世界大了。

宽容他人，就是对他人的一种理解和尊重，你的不计前嫌、以德报怨，会让他人看到你灵魂的闪光点，从而欣赏你、感激你；宽容他人，假以时日，会让人看出你的真心所在，从而自惭形秽，敬畏你。与其反唇相讥、打击报复、以牙还牙，不如一笑泯恩仇，这样岂不更是快意？对待任何人和事，不要往阴暗面去想，更不要走极端，一心向阳，自然也就做出阳光举动。所以，首先还是要调整好自己的心态，学会宽容，才能走向更广阔的天地。

Class 6
以平和的心态清除焦虑情绪

随着生活节奏日益加快，人们自身的压力也在不断增加，就业、成家、生活等方方面面的压力令许多人产生了焦虑情绪。焦虑不是口渴，喝点水便可以马上解决，它说不定哪天便会突然降临到你的头上，让你不知不觉间落入它设下的陷阱中无法自拔。它会如同空气一样，不断地包围你，在无从觉察间，不断地吞噬着你的健康与快乐，让沉重、悲观与犹豫来侵蚀着你的生活，将你生活中所有的温馨一一过滤掉，将一切快乐从你身边剥离。其实，让我们焦虑的事情有些是客观存在的，有些是我们给自己施加的，不管怎样，只要将自己的心态放平，生活就可以变得轻松一些。

1. 幸福和快乐不会总是眷顾你

“祝你永远幸福”，“祝你永远快乐”，这是再平常不过的两句祝福之语了。它可以用在任何场合，比如婚礼，比如满月宴席，比如生日。是的，这是多么美好的祝愿啊，听见它的人们，都期望祝福成真，期望幸福永驻。

不过好可惜，这不是童话故事中定格的美妙画面，幸福与快乐只会在某一时段伴随我们，但对于我们短暂的生命来说，这个时段绝不会是“永远”。难道不是吗？

最幸福的新娘只会出现在婚礼上，摘下婚纱回到家，锅碗瓢盆一叮当，油盐酱醋一拨拉，婆婆小姑一嘀咕，笑容便开始凝固，幸福便像披了白雾的山头，开始若隐若现了。

最幸福的父母也只会存在于孩童3岁之前，那么天真，那么乖巧，待孩子稍大一些，麻烦事接踵而来，或是因为孩子调皮捣蛋，成绩下降，或是因为发愁择校的艰难，高昂的学杂费等等。

也许有人会反驳，那总有一生都幸福的人吧，比如最有钱的人，比如最有权力的人，再比如最漂亮的女人。事实果真如此吗？

最有钱的人成天琢磨如何守护他的财富，双眉紧蹙，忧郁缠绕眉心；最有权力的人整天忙着和他人钩心斗角，一个不小心，即有可能从高位处跌下，权力也跟着摔得“粉身碎骨”；而最漂亮的女人，则有可能时常担心体形走样，容颜老去，更有可能因为条件太高，找不到合适的老公。

这些难道不都是摆在眼前的事实么？

不过，也许有人又会问了，照这样讲来，世界上是不是就没有幸福的人了呢？其实也不是。

没有人能永远垄断幸福，也没有人能永远只拥有快乐一种情绪。我们只是强调，没有谁能垄断幸福和快乐，并不是说，这个世界上就没有幸福和快乐的人了。

米亚和老公结婚七八年了，两人平时经常为一些鸡毛蒜皮吵吵，她的心里也经常为此感到不快乐。但当朋友问及她的婚姻时，她却时常露出笑容，并告诉朋友，自己对这段姻缘十分满意。她说：“虽然那冤家总和我吵架，但一想起他对我的好，就会觉得十分开心，把什么都忘记了。”

其实，幸福不是每时每刻都需要做开心的事，快乐也不是每时每刻都要开怀大笑。每时每刻都开心，每时每刻都大笑的人，恐怕这个世界上也是不存在的。

幸福就像登山的旅人，在爬山的过程中累得气喘吁吁，不停地抱怨山高、山险、路途遥远，直到真正登上高峰，看见奇美的景色，疲惫一扫而光，这个时候，幸福感才会油然而生，身心顿时感到神清气爽起来。

快乐也是同样的道理。打个比方，你今天上班迟到了，心想坏了，肯定要被老板数落，说不定还会扣上一大笔奖金。结果到了公司，老板还没来，打卡机又恰巧坏了，这时候，你心里是不是感到特别开心？

所以，世界上所有的幸福和快乐，都是跟不幸和悲伤对比才会产生的。如果你一直无忧无虑，无牵无挂，时间一长，你感觉到的肯定是“无聊”，而并非幸福。如果你一直被开心的事情包围，一段时间以后，恐怕也不会有快乐的感觉了。

如果幸福是一种蜜糖，甜到头了，便只会尝到苦涩的哀伤；如果快乐是一种美味的佳肴，吃得多了，也只会感到无比的油腻。因此，在这一辈子里，我们无需垄断幸福，也无需时刻追逐快乐。只要在疲惫的时候，能够得到一份善意的问候，只要在悲伤的时候，可以得到一句真诚的安慰，那就是世界上最大的幸福与快乐了。

2. 摘掉“面具”，轻松地做回自己

哈佛大学心理学教授曾在课堂上问道：“什么样的人格受人欢迎、令人信服，能够在交际中取得成功？”学生们七嘴八舌，一下子给出了许多答案：自信主动、开朗热情、真诚待人、尊重别人、对所有人一视同仁、为人正直、富有同情心、乐于助人、脾气温和、谈吐文明、善于言辞、风度大方、谦虚谨慎、富有幽默感……总之，一条又一条，黑板已经写不下了。

教授对学生们的观点表示认可，同时他又指出了一个带有普遍性的问题：人们一旦考虑如何完善自己的人格，就会在思想上陷入形而上学、脱离实际的怪圈，用一种完美无缺的模式来衡量、要求自己。可是，脱离了真实和自然，不是自我束缚、拘谨木讷，就是装模作样、虚情假意，这样一来，你就要戴着面具生活。

一位著名演员在接受电视台采访时，勇敢地吐露自出道从业以来一直未敢道出的心声，言语间充满了委屈和无奈，然后他从容地宣布了自己即将结束自己的演员生涯。当时他正值事业的巅峰期，前途不可估量，此时做出这样的决定未免太过可惜。大家都不愿意相信这样一个事实，记者甚至认为他只是在开玩笑。

但是当他郑重其事地告诉记者自己思考良久才做出这样的决定时，记者对此感到非常不解，于是就问道：“你为什么会做出这样的决定？”这个演员微微一笑，从容不迫地解释说：“因为从今天开始我要摘掉面具，为自己而活。”

“面具”的生活常常会让人失掉了真正的自我。在我们的生活中，其实有着各种各样的面具，我们在应对复杂的人与事时，往往就会不自觉地给自己戴上面具，让自己尽量成为他人眼中的合格者，以致忘记了自己究竟是谁。

其实，按照他人的标准活着，是很累也很痛苦的，有人这样写道：“生命是一场寂寥的马戏，我们孤独地表演着自己，我们戴着面具欺骗自己。”

我们每个人在生活中都扮演着不同的角色，有多张不同的面孔。比如说，一个女性上班要扮演着自己的职业角色，下班又要扮演母亲、妻子和家庭主妇，在父母面前还要扮演女儿，除此之外，在不同的场景中又可以分化出许多新的角色。比如说，一个当教师的母亲，对于自己的子女来说，还可以是家庭教师、体贴入微的女性朋友、亲密的玩伴、保护自己的人、给自己带来安慰的人、理解和体谅自己的人等。

一个上班族曾经这样记录自己的真实生活：

尽管每天的工作都相对平静，但平静的海面下往往是汹涌的海水，在顷刻间就能爆发出惊人的破坏力。暗藏在面具下的每个人的表情都小心谨慎，在这硝烟四起的社会，危机四伏的年代，要眼观六路、耳听八方才能避免受伤害。

一次，我看到同事身上的衣装很不搭配，我还是违心地寒暄道：“穿得这么漂亮，是去参加聚会吗？”大家都戴着面具与我交往，我亦如此。但我不曾说出口，就这么在伤害中过日，渐行渐远，各自戴着面具生活。

周末休息，我不想让最疼爱自己的父母看到自己那种疲惫、不安的表情，于是我一直都在笑，没有告诉他们那些久藏的委屈，那些想哭的瞬间。终于有张面具被我描上了温暖的色彩。

最后，他感慨道：“我生活得如此辛苦，一路寻求，也一路丢失。蓦然回首，原来早已迷失了方向，遗失了自己，拖着的只是一个戴着面具的陌生躯体。”

那些总是觉得自己对别人有所亏欠的人，他们总是追求尽善尽美，总是希望能够达到所有人的要求，但这是不可能的。因此这一类人总是疲于奔命，永远为了那些“不可能完成的任务”而辛勤努力。

我们只有放下“面具”，心灵才能够得到暂时的解脱；只有摘掉“面具”活着，身心才能感到轻松，真正幸福的生活才不再遥远。虽然我们不能像梭罗那样归隐瓦尔登湖，但我们却可以有短暂的自我回归。

活在世上，如果能以本色天性来面对周遭，不费心机，不被那些无谓的人性客套、礼节规矩所拘束，既可以随意地哭，也可以心畅地笑，能苦能乐，泰然自在，真实自然，这样的人生就是幸福的。

摘掉面具，保持自己的个性。如此不仅可以赢得人们的尊重，也可以使自己怡然自得。抛开虚伪，接受自己现在的样子，包括一切过失、缺点、短处、毛病以及自己的资本与力量，做到自我承受。但是，也要明白，缺陷与不足只是属于自己，而不等于自己。不要害怕犯错，不要让错误压得喘不过气来。一个人会犯一个错误，但并不能说这个人等于一个错误；一个人或许不能适当而充分地表达自己，但这并不说明这个人就是无用的人。

英国著名诗人伦纳德·尼莫曾写过一首名叫《做自己》的诗：“也许我不是最快的，也许我不是最高或者最强壮的，也许我不是最好、最聪明的，但有一件事，我却可以做得比别人好，那就是做我自己。”请勇敢地接受自己，不要藏在面具后面，在黑暗中生活。

3. 勇敢面对生活中的不如意

在我们的一生中，命运总不会一帆风顺，我们也总会遇见各种各样不如意的事情。比如孩子不听话，比如工作不顺心，比如爱人无端离去，比如前程一片渺茫。人生不如意者十之八九，这是古人早就总结出来的至理名言。

但尽管不如意之事时时出现在我们的生活中，能直面它的人们，却实在不算多，有一些人甚至采取极端的方式来逃避这些不如意。曾经看过这样一个报道。

英国曾经有一个网球明星，她在很小的时候经历了一次意外，她的妈妈在一次看牙医的过程中，因为心脏病突发死在了牙科的手术椅上。从此，这个阴影在她的心中被无限放大，她不知道怎样面对，也不知道怎样调整心理，只是一味地回避，最终导致她看见牙医就发抖，就害怕。

当她成名以后，有一天，牙疼得实在受不了了。家人便劝说她，要她把牙医请到家里来，并告诉她，家里有私人医生，可以绝对保障她的安全。网球明星想了想，就同意了。结果，当牙医来到她家，将所有的手术器械都拿出来，还在整理的时候，这个女子突然就死掉了。

结果是不是很戏剧化？为了逃避从前的阴影，这个人在还没有面对的时候，就突然结束了生命。当时，伦敦的报纸这样评论这件事：她是被自己四十年来的一个念头杀死的。

看了这个报道，是不是感觉很震惊，很极端？是的，如此极端逃避生活的人，世上的确很少见。但我们不能否认的是，在我们身边，每时每刻都存在着相同的例子，有许多人，总是用各种方式，逃避生命中的那丛荆棘。

被感情伤害的人，好几年都不敢去触碰感情的禁地，一提到恋爱二字，就犹豫不前，畏畏缩缩，不知错过了多少好的姻缘。在职场栽跟头的人，也会在相当长的一段时间内，回避相同的错误，每每绕道而行，工作上由此难有突破。而那些在生活中时常碰壁的人们，则更是时时小心行事，性格也逐渐变得谨慎敏感，白白错过了许多机会。

这些表现，难道不也是一种另类的“自杀”么？因为害怕“不如意”，就干脆逃避，或者遇见相同的困难就绕道而行，却不知，“不如意”是人生中一座无边无际的大山，我们越过它的捷径，只能是勇敢地翻越。如果想绕道而行，不但会平白多走许多路程，更有可能白白损失其他好的机会。印度诗人泰戈尔也曾经说过：“如果你因为失去月亮而哭泣，那么你也将失去星星了。”

贾斯汀是一个再普通不过的大学毕业生，两年来，他在招聘会上屡屡碰壁。简历投了一大堆，人家公司不是嫌他经验不足，就是嫌他专业技能不够娴熟，再不就是挑剔他的个头太矮，影响公司形象。那段时间，这个年轻人简直万念俱灰，整天唉声叹气，对生活也失去了希望。但叹气归叹气，总不能怀揣毕业证却被活活饿死吧？于是，他利用两个月的时间，理清思路，收集各个公司的信息，选择最适合自己的进行简历投递，并同时参加专业的技能训练班，让自己的专业技能更加娴熟。终于，在两个月后，他顺利获得了第一份工作。

这可不是个例，如今，毕业生工作难找的消息漫天飞舞，并不是人人都能顺利获得一份满意的工作。许多毕业生屡次碰壁之后，不是努力想法子突破难关，而是自此丧失信心，索性一直待在家中啃老，结果由于脱离社会时间太长，工作更加难找了。所以，解决这件事情的唯一办法，只能是迎头而上，别无他法。

是啊，我们这一生中，不如意的事实在是太多了，多到我们无法笑着接受，无法笑着掩饰，也无法拒绝。因为“不如意”三个字，实在是生命中最自然的旋律，爵士乐中无法或缺的鼓点。

既然无法拒绝，就去学着面对吧，这并不是一件多么困难的事。方法很简单，将每一天都当作一个新的开始，一睁开眼睛，就告诉自己，今天将是全新的一天，无论昨天遭遇了什么困难，今天都以新的姿态面对生活。

我们活着，就是为了体验悲欢离合，体验七情六欲。我们活着，就是为了实现自身的理想、目标、人生价值，因此我们一定会遭遇种种阻碍和困难，会因种种的“不如意”而焦虑、难过、迷惘。但那是我们必经的过程，重点是我们对待它们的态度。我们的态度，决定了我们是否能够越过障碍，继续前行。

当我们遭遇种种不如意之时，甩开它的唯一方法，就是勇敢面对，勇敢挑战。我们必须谨记，只要这一秒不放弃，下一秒就会出现奇迹。在人生种种不如意的背后，隐藏的必定是那道最美丽的彩虹。

4. 相信所有困难都会解决

我们常常都会经历各种各样的困难和挫折，然而在这些看似强大无比的困难面前，我们又是保持怎样的一种心态呢？我们是否曾经非常无助和痛苦，是否坦然地面对了这些困难？每个人都是生活的主宰者，但有多少人会是生活的强者呢？

当生活把问题丢给我们时，总是附带着相应的解决方法，从来没有解决不了的困难，因为方法总是要比问题多。西方人认为，上帝在设置一个问题的同时，往往会提供三个解决问题的方法，生活从来不会将人逼上绝路，只有我们自己常常以为已经身陷绝境，所以常常会消极无奈地看待生活中的困难，不愿意再去做出任何拼搏，也不愿意再“浪费”时间去着手进行解决。

旱季来临时，有个农夫准备在家门口打一口水井，但是他一直钻孔到地下几米深的地方，也没有见到水的痕迹，于是就果断地选择另外一个地方打井，可是辛辛苦苦打到十几米深的时候，依然没能见到一滴水。这个农夫有些绝望，但是他再次选择了一个地方去试探，结果再次失望而归。

农夫非常气恼，一直坐在井边生着闷气，接着便放弃了。他认为附近根本就没有地下水，看来这个夏天一定会非常难熬。农夫收拾好东西正准备进屋，结果邻居叫住了他，邻居认为打了三口深井，如果不坚持弄点水出来实在太过可惜了。

农夫听了也很无奈，认为自己已经尽了力，实在没有办法打出水来。邻居没有说话，而是亲自下到深井里去，然后用一根稍细的铁管试探挖掘，结果才挖了不到一米深，就涌出许多地下水来，接着他又进入另外两口深井中，不多会儿也见到了水。农夫非常惊讶，原来自己离井水竟然已经这么近了，却因为不够自信，而差点错过。

当我们深陷困难之中时，一定要有这样的一份自信：解决困难的办法有很多，尽管现在可能不能轻易找到，但是一时找不到并不代表没有，只要有心，总是能够找到有效的解决办法。相反，当你自己主观地认为无计可施的时候，那些解决方法反倒失去了存在的意义和价值。

人生没有过不去的坎，关键需要时间、耐心和智慧，很多时候我们的耐性不足，一时半会没能解决问题，就会失去信心，认为自己根本没有能力解决困难，根本没有能力去应付眼前的生活危机。哲学家说时间能够让你变得更加理智和睿智，很多时候，困难都经不起时间的琢磨，我们发现一些当时没能解决掉的问题，不久之后，就能够找到很好的解决方法。所以并不是无法可想，而是我们尚未想到或找到更好的方法而已。

面对困难，我们不妨细想一下，自己是不是很容易就在困难面前屈服，自己是不是没有足够的耐心和信心去等待柳暗花明的那一天，自己是不是习惯性地认为现在解决不了的问题将来一定没办法解决？我们总是轻易就被时间打败，不能在持续的失败中继续坚持下去，有时候，我们离解决困难只有短短的一小段距离，可惜自己却主动放弃。

其实，人生需要坚持，需要耐性，我们并不了解自身的潜力，不了解自身的承受能力，当我们静下心来重新思考时，当我们咬紧牙关不断坚持时，就能够发现自己并不是想象中的那样无能，我们有能力渡过难关、解决难题，事实上我们的潜力比自己所想的往往要大，只要坚持一段时间，最终就一定会找到最有效的解决办法。

面对生活中的各种困难时，心态也非常重要，我们习惯于抱怨问题的存在，这种消极的情绪对于问题的解决根本没有任何帮助，只能让事情变得更糟，一个爱抱怨的人是不能够心平气和地想出解决问题的办法的。

英国著名的政治改革家斯迈尔斯说：“困难产生于克服困难的努力

中。”真正可怕的不是困难本身，而是困难来临时我们的心态，一味地给自己寻找借口和台阶，那么困难将会永远存在。事实上，很多时候困难并非我们所想象的那样恐怖和复杂，当你用平常心去对待时，往往要比想象中轻松简单得多。

5. 会吃亏是睿智，能吃亏是境界

每个人都有趋利避害的本能，很少有人愿意主动吃亏，但是一味趋利的做法未必总是正确的。很多时候，人要懂得吃亏，甚至要主动吃亏，而吃亏并非总是坏事情。一个人吃了亏，表面上看不到任何好处，但是从更深层次来说却能够获得许多利益。

当我们面对竞争对手时，总是不可避免地会产生利益上的纠纷，没有人会轻易让出自己的利益，谁都不愿意受到一点损失。但是实际上吃亏并不意味着失势，我们完全可以将其看作一种暂时的退让策略，这对于长远的竞争反而有利。当我们面对强大的对手时，更应该懂得适时吃亏，不愿意吃亏的人可能会因此遭受更大的伤害和损失，所以耶稣在劝诫自己的门徒时说："不要与恶人作对，有人打了你的右脸，你连左脸也要转过去由他打。"从长远来看，一时的吃亏、忍辱和示弱是非常有必要的，这是一种有效的自我保护方式。

吃亏可以看作是一种包容的手段，当你懂得坦然地原谅别人的无礼举动，对方也许会因为你的大度而感到惭愧，双方之间原本的仇怨和矛盾冲突反而会消弭殆尽。吃亏很多时候是缓解矛盾甚至赢得尊重的重要方法，以确保自己能够得到一个更加稳定安全的生存和发展环境。

生活中，人们对吃亏二字很是敏感，好像一不小心被它沾上，就会成为倒霉鬼。而对于那些吃了亏的人，人们的眼神总是充满了怜悯。其实，凡事有得必有失，吃点亏，未必就不是好事。

尤其在职场中，新人们往往单纯而直爽，说话常常有口无心。对于他们来说，"小人"的危害更是犹如飞过麦田的蝗虫一般，不但会将其无心之语当作把柄捏在手，更会在竞争对手前进的道路上设置重重障碍，让人防不胜防。

年轻女孩莫莉单纯直爽，毫无心机，一起共事的搭档总是欺负她，将脏活累活都扔给她不说，还经常在老板面前故作勤奋状，却将她贬低得一钱不值。莫莉并没有理会搭档的挑衅，反而工作更加卖力，不断地充实自己。

一天，主管心血来潮，要对所有的员工进行能力测试。勤奋努力的莫莉，自然立刻脱颖而出，而搭档滑头的伎俩，则暴露无遗。

其实，所谓小人大多都是善于暗地使绊，要知道，无论如何，他都一定不是你的对手。试想，他们的大量时间都用来对付身边同事了，哪里还有多余的精力工作，积累人脉和经验呢？

只要你埋头关注手中的事情，即使让小人偶尔占下便宜，也未必是一件吃亏的事情。相反，你若能够适时借用小人的力量，还能出其不意，给那些等着看戏的小人一个大大的惊讶。

艾米丽在一家公司从事销售工作，她为人踏实肯干，又能言善道，刚进公司不到一年，她的业绩便如芝麻开花一般，节节攀升，继而受到高层管理者的注意。俗话说，上帝偏爱的人，也总会得到撒旦的垂涎。

在艾米丽接受年度嘉奖之后，“霉运”也就此缠住了她。先是她为客户准备的一些重要资料不翼而飞，接着又屡次发现自己电脑中的重要文档被人偷偷篡改。更令人气愤的是，不知从什么时候起，公司居然传出了她与经理的绯闻，这使得男友对她产生怀疑，并日渐疏远。

她的心中也曾一度充满了阴霾。但擦干眼泪后，艾米丽将所有的委屈都咽进肚中，资料被盗，她就将所有的信息都记在脑海里；文档被改，她索性将原始文件备份多份在别处；至于与经理的绯闻，既然经理单身，她干脆顺水推舟，让绯闻变成了事实。当然，那些小人也不敢继续纠缠她了。

当我们面对小人的时候，适当吃亏，也算得上是一种福气了。能吃亏的人，其度量一定不会小，因为他能容忍在别人看来不公正的事情发生在自己身上，同时也能包容伤害自己的人。这样的人往往比那些锱铢必较的人更容易成大事，因为他的品行好，直接决定了他的人际关系。所以，很多时候，我们吃点亏又何妨？

哈佛大学在给学生家长的信中这样写道："要让孩子懂得'吃亏是福，占便宜是祸'的道理。"由此可见，吃亏也是人生的一门"必修课"。世界总是公平的，吃你亏的人多多少少会有些不安；而吃了亏的你，又会从中学会忍耐和包容。不怕吃亏的人，心里充满阳光，在其表面的顺从和软弱背后，其实是一个豁达、宽容的世界。

6. 宠辱不惊才能笑看人生

社会在不断进步，产生的诱惑也越来越多。是非、成败、得失让人或喜、或忧、或悲、或惊、或惧、或怒，一旦欲壑难填，人生的希望就会成幻影，以致失落、失意甚至失志。要摆脱诱惑，就要做到宠辱不惊，将一时的得失置之度外，方能笑看人生。

居里夫人是一位卓越的科学家，她一生曾两次获得诺贝尔奖，获得其他奖项也达 8 次，各种奖章 16 枚，各种名誉头衔 107 个，但是她却对成就看得很淡。

有一天，她的一位朋友来她家做客，忽然看到她的小女儿正在玩弄英国皇家学会刚刚颁发给她的一个金质奖章，于是惊讶地说："居里夫人，得到一枚英国皇家学会的奖章，是极高的荣誉，你怎么能给孩子玩呢？"

居里夫人笑了笑说："我是想让孩子从小就知道，荣誉就像玩具，只能玩玩，绝不能永远守着它，否则就将一事无成。"

1910 年，法国政府为了表示对居里夫人的崇敬，决定授予她骑士十字功勋，但是居里夫人拒绝接受。居里夫人就是这样一位把荣誉看得淡如水的女性，正因如此，爱因斯坦这样评价她：在所有的著名人物中，居里夫人是唯一不为荣誉所腐蚀的人。

以一颗平和的心善待一切，这是一种境界，达到这种境界，你就不必为了一时的平淡或寂寞而急躁抱怨，也不必为了一时的辉煌而诚惶诚恐或欣喜若狂。平和处世才是对生命透彻的领悟，是对一切烦恼的顿悟和对生命真谛的领悟。

心态平和、宠辱不惊说起来容易，做起来确实有些困难。在这个大千世界里，灯红酒绿令我们怦然心动，功名利禄都是你我所欲，人又怎能不喜不悲呢？心态是否平和，关键就要看你如何看待生活了，明确自己的价值，心中无过多的私欲，就不会患得患失；认清自己所走的路，不要过分看重成败，不要过于在乎别人对你的看法，就不会过喜过悲。

宠辱不惊是人生的一大境界，在面对荣辱的时候要学会随遇而安，“不以物喜，不以己悲”。做到宠辱不惊，最重要的就是要让自己的心处于一种低调的状态。那么，我们在面对那么多诱惑的时候，怎么样才能做到低调呢？

1. 姿态保持低调

在低调中修炼自己：低调做人，无论在官场、商场还是政治军事斗争中都是一种进可攻、退可守，看似平淡、实则高深的处世谋略。

谦卑处世人常在：谦卑是一种智慧，是为人处世的黄金法则，懂得谦卑的人，必将得到人们的尊重，受到世人的敬仰。

2. 心态保持平和

做人不要恃才傲物，当你取得成绩时，你要感谢他人、与人分享、为人谦卑，这正好让他人吃下了一颗定心丸。如果你习惯了恃才傲物，看不起别人，那么总有一天你会独吞苦果。

3. 行为注意收敛

过分地张扬自己，就会经受更多的风吹雨打，暴露在外的椽子自然要先腐烂。一个人在社会上，如果不合时宜地过分张扬、卖弄，那么不管多么优秀，都难免会遭到明枪暗箭的攻击。

时常有人稍有名气就到处洋洋得意地自夸，喜欢被别人奉承，这些人迟早会吃亏的。所以在处于被动境地时一定要学会藏锋敛迹，千万不要把自己变成对方射击的靶子。

4. 言辞保持谦卑

放低说话的姿态：面对别人的赞许恭贺，应谦和有礼、虚心，这样才能显示出自己的君子风度，淡化别人对你的嫉妒心理，维持和谐良好的人际关系。

不要揭人伤疤，不能拿朋友的缺点开玩笑：不要以为你很熟悉对方，就随意取笑对方的缺点，这样会伤及对方的人格、尊严，违背开玩笑的初衷。

5. 志向适时适度

只有立高远之志，才能创辉煌人生，但在你还是默默无闻不被人重视的时候，不妨试着暂时降低一下自己的物质目标和事业野心，做好一个普通人该做的普通事，这样你的视野将更广阔，或许会发现许多意想不到的机会。

心灵负重太多，就会陷入世俗的泥沼不能自拔：金钱的纷争、权力的诱惑、得失的吸引，这些让人殚精竭虑的事情让我们太过于执着。人活在世，完全没必要将个人的荣辱太放在心上，不必因一时的荣誉而欣喜过度，也不必因一时的屈辱而无所适从。假如，你因得到了某种荣耀就趾高气扬，或是因被某人侮辱了就自怨自艾，甚至做出了报复的行径，那你的胸怀也未免狭隘了。

做人，不管面对任何事情都要拿得起，放得下，想得开。面对荣辱有静气，不自喜也不自卑，自然活得逍遥自在，人人敬仰。

7. 走出患得患失的阴影

什么是患得患失？患得患失就是一味地担心得失，斤斤计较个人的得失。患得患失是人生的精神枷锁，是依附在人身上的阴影，是浮躁的一种主要表现形式。

生活中往往有这样一些人，做什么事情之前都要反复考虑，做完之后又放心不下，如有不妥，就很担心把事情办砸并担心别人对自己的看法，极其注重个人的得失。他们被笼罩在患得患失的阴影之中，心房被得失纷扰得没有一分安宁。他们心中布满疑虑、惴惴不安，生活中当然不会有轻松与愉快。

有个退役军人在战争中失去了一条腿，他在返乡途中经过一个小镇，听说附近的某个山上有一个神奇的泉眼，据说里面的泉水可以医治好各种疾病，被当地人奉为“圣水”。他于是拄着拐杖前往一探究竟，有个路过的村民得知军人想要寻找泉眼，于是怜悯地说：“可怜的孩子，难道你在祈求上帝再给你一条腿吗？”军人摇摇头回复说：“我不是为了向上帝祈求得到一条新腿，而是要祈求他帮助我，教我只剩下一条腿，也知道如何过日子。”

人生诸多不如意，我们总是要错过许多美好的东西，总是要在无意中留下一些遗憾，这是生活的必然，然而很多时候，当我们失去某样东西时，却总是不愿意承受这样的打击，不愿意接受这样的事实。一旦失去就总是想要千方百计地寻回，要么就长期地沉湎在失去的痛苦和不幸当中，难以自拔。

失业时，我们感觉到生活陷入了绝境，所以无心出去找其他工作；失恋了，我们感觉到人生暗淡无光，似乎所有的人都是虚空；失去喜爱的东西后，我们感觉到生活一无所有，人生没有了任何乐趣。在我们看来，失去总是意味着一切都将结束，所以常常陷入无止境的苦痛和悲伤之中难以自拔。

然而苦痛只是一时的，我们不会永远都失去，我们还将从生活中得到补偿，所以失去了的不妨就让它失去，须知我们的生活还需要继续，无须再为过去的不幸悲伤流泪，不要刻意去放大自己所失去的东西和失去时的悲伤，也不必对一时的得失耿耿于怀。昨日的阳光再美，也照耀不出几天的晴朗，昨日的阴雨再暗，也无法遮蔽今日的蓝天，而且痛苦和伤悲挽回不了什么，反而只会让自己更加痛苦，会让自己错失更多的东西。

人生匆匆向前，根本不会留下太多的时间让你去懊悔、去遗憾、去悲伤痛哭，失去的就让它轻轻地失去，过去的就让它静静地过去，不要太执着、太在意，做人应该懂得珍惜眼前和将来的幸福，把时间和精力浪费在业已发生且无法改变的事情上，完全没有必要。

患得患失是人生最常见的心理隐患，我们要铸就辉煌的人生，就必须要砸碎精神枷锁，丢掉思想包袱，走出患得患失的阴影。要走出患得患失的阴影，不被忧郁的情绪打扰，最重要的是保持良好的心态。为此，需要做好下面几点：

1. 知足常乐

每一个人都要学会比较，通过比较得到良好的心境。正确的乐观的比较应该是自己和自己比，把自己的今天和自己的过去比。只要努力过，且通过努力进步了，收获了，即使别人已达到小康，你才是温饱，别人已有了金条，你还囊中羞涩，也丝毫不需自惭形秽。因为每个人的基础不一样，条件不一样，经历也不一样。同样一双手，十个指头哪能一般齐呢？

2. 活出自己

人的一生，不求利，不求名，只求有个真实的自己，走自己的路，就不会被患得患失所困扰。事实上人生不可能没有忧愁，问题是我们不能因患得患失给自己无端地平添几分愁。走自己的路吧，不管别人如何评说，我们的人生都会充实、快乐、潇洒。

3. 淡泊名利

养生首养心，养心淡名利。人生苦短，名利有如过眼烟云。人不可缺乏进取心和奋斗精神，但一味地追名逐利反而会得不偿失。人，最值钱的东西是生命而不是名利。

要想避免患得患失的危害，就要努力培养一颗平常心，使自己达到“八风吹不动”的佛家境界，或者达到兵家“泰山崩于前而色不变”的境界，这样就能把自己的能力发挥到极致了。

韩国围棋天才李昌镐就是一个这样的人，无论多么重要的对局，他都能保持一颗平常心，好像没有什么事能扰乱他的心神，因而被誉为“石佛”。有此定力，难怪他成为世界围棋第一人。

8．放慢前进的脚步，欣赏路上的风景

现代社会仿佛一夜间进入了快时代。走在街头，满眼充斥着“快餐”“快巴”“速递”之类的字眼和广告招牌。而电视速配征婚、列车大提速，甚至在城市中颇为流行的闪婚等社会现象，更是成为人们街头巷尾热议的话题。

人们行色匆匆地奔走在路上，熙熙攘攘而来熙熙攘攘而去，不肯作稍稍停留，一个“忙”字几乎成了我们每个人的口头禅。

当下，每个人都在为各自的人生目标，为所谓的成功奋斗——为事业，奔波劳碌；为金钱，奋不顾身；为孩子，费心劳神；为家庭，日夜兼程。得到的与得不到的，每天是处心积虑；得到多的与得到少的，整日里忧心忡忡。

仔细想一想不难发现，童年时那一颗透明心，少年时那一颗纯真心，青年时那一颗火热心，早已在疲于奔命的追赶中不见了踪影。

内心充满了焦虑，并不是好事，还是让灵魂跟上我们的脚步吧。放慢自己的前进步伐，换一种心情，休息一下，放松一下，会有前所未有的幸福感。

有一个年轻人身心疲惫，于是询问上帝：“为什么我活着这么累啊？”上帝说：“你牵一只蜗牛去散步吧！”

蜗牛爬得实在太慢了。年轻人不断地催它，唬它，责备它。它却用抱歉的目光看着他，仿佛在说：“我已经尽全力了！”

年轻人又急又气，就去拉它，扯它，甚至踢它。蜗牛受了伤，反而越爬越慢了，后来干脆趴在那里不肯向前爬了，而年轻人已筋疲力尽，只好看着它干瞪眼。

无奈之余，他不禁有些奇怪：上帝为什么叫我牵一只蜗牛去散步呢？

又有一天，当年轻人再次感觉到焦虑的时候，上帝又叫他牵那只蜗牛去散步。看着蜗牛那蜷缩的身体、惊恐的眼睛，他不禁起了怜悯之心，不忍再催它、逼它，干脆跟在它后面，任蜗牛慢慢地向前爬。

这时候，年轻人突然闻到了花香，原来这里是花园。接着，他听见了鸟叫虫鸣，感到了温暖的微风，还看见了满天的星斗。陶醉之余，无意中向前一看，呀！蜗牛已爬出了好远。等年轻人跑步赶上它时，它用一种胜利者的姿态在迎接他。

直到这时候，年轻人才忽然明白了："原来上帝不是叫我牵蜗牛去散步，而是叫蜗牛牵我去散步呀！"

细细品味，"我牵蜗牛去散步"和"蜗牛牵我去散步"有什么不同呢？其实最大的不同就是要我们对"蜗牛"多一点"宽容"，多留给它们一点"自己爬行"的时间和空间，这样，才能给我们以放慢脚步、领略人生风景的时间与心情。

生活不容易，许多人忙忙碌碌，不得安宁。因此，我们不妨停下急行的脚步思考一下人生，反思一下自己的作为，也许压力和焦虑就会减轻许多。

其实，生活的智慧就是，要在忙碌之后懂得放缓脚步。许多人就是在忙碌后顿悟："整日里苦苦寻觅的，不就近在眼前吗？费心劳神地去寻找风景，殊不知你就在风景之中。忙忙碌碌地在找寻幸福，岂不知幸福就是一种感受。"

人生犹如一次漫长的旅行，走得累了，不妨放慢你的脚步，换一种心情，休息一下，放松一下。要知道，追求的意义就在于追求的本身，成功的快乐就隐藏在成功的过程中啊！

焦虑的时代，人类已经没有了未来，未来就是现在！现在，我们应该做什么？应该静下心来，独立思考，不要被外界的杂音所干扰，不要因别人打乱自己的节奏而方寸大乱，而是用最适合自己的方式稳健地走下去，不急不躁，慢慢前行。

Class 7

换种思维就能化悲痛为力量

人之所以会痛苦，是因为总喜欢沉浸在过去的错误之中。殊不知，一切都将会过去，新的一页又会随即翻开。只有把旧的扔掉，才能用全部的心神应对未来。可以改变的，去改变；不能改变的，去改善；不能改善的，去承担；不能承担的，就放下：这是每个人都该拥有的人生智慧。思维不一定能决定命运，但一定能改变心情，因为思想并非是固定的，只要我们能尝试用变通的思想去看待问题。改变坏情绪其实很简单，只需要你换个思维方式就足够了。

1. 煎熬=痛苦 × 抗拒

哈佛心理学家达尔斯·纳本经常遇到这样一些来访者，他们会这样抱怨：

“我认为自己不够有领导力，虽然我从小到大一直是在伙伴、团队中担任管理者的角色，但是，我感觉自己不够霸气，没有其他人那么有号召力。”

“我认为自己是一个失败者，从大学毕业到现在，我连一次晋升机会也没有得到过，而且，不管是什么时候，我表现自己都会出错。”

“我感觉自己朋友少是因为性格内向导致的，我常常不知道怎样与领导打招呼，在满是同事的环境中，我连上台演讲都做不到，我太容易紧张了。”

……

“大家有千奇百怪的说法，而这些说法归纳成一句话，就是‘我有问题’。”达尔斯说，当他费尽口舌想要劝这些人放弃治疗时，他们中的很多人会很抗拒，并会很奇怪地看着他说：“为什么要放弃治疗？”而此时，达尔斯只好向他们解释：因为很多时候，放弃治疗也是一种治疗。

心理学界有这样一种说法：所有的神经症，其本质都是疑病素质。很多完美主义者都有很高的目标，但同时，他们也对缺陷有着过于执着的专注。他们会从对世界的不满意衍生到对自己的不满意，尤其是对自我个性、性格的不满意。在种种不满之中，心理资讯与治疗成为了他们解决自我现实问题的一个出口，于是，他们来咨询，并千方百计地想要改变自己。

你或许也常有这样的想法：“我有问题。”如达尔斯医生的患者一样，常常产生自卑情绪，因为你的确被自己所认为的问题折磨。但另一方面，你其实也在以超出常人的完美标准来要求自己，成为有缺点、有不足的普通人对你而言，仿佛是一种失败，只是你自己没有意识到这种想法罢了。

大部分时候，你之所以受煎熬，就在于你抗拒接受自己的不足，而这种不足又因为自我痛苦情绪而加倍。这是一个比较绕的逻辑：你的问题是怀疑自己有问题——→你来咨询——→证明或强化你自己有问题——→问题进一步加重。而逃离这一逻辑的关键就在于，你要学会接纳自己。

很多时候，我们都将“抗拒”当成是“行为”，而非“情绪”，但事实上，抗拒是诱发悲伤、忧郁、恐惧等等多数负面因素的直接原因。因此，若你未能察觉到自己“抗拒”的情绪，而贸然地采取行动，你往往会更加压抑——抗拒如同弹簧，在巨大的压迫下，要么断掉，要么迟早会有更大的反弹。

另一方面，抗拒也是人的本能：假设你正在乘坐的地铁突然因为故障停了下来，但你并不知道具体的原因，只知道大家都很害怕。此时的你，大脑中的第一反应往往会是“这与我的现实不一致”。你脑海中的现实是，地铁平安到站才是理所应当的，而地铁出问题，不是工作人员未能尽到安全驾驶的职责，就是政府部分未能实现良好维护的职能。不管怎样，你的本能都让外部原因为当下的一切现实负责。

我们本能地抗拒“痛苦”的现在，在抗拒的过程中，我们将希望寄托在未来，或者回味曾经的过往。但设想一下，在当下，你并没有想太多，也没有让抗拒的本能过多地运作，而是接受：现在就是现在，现在的情况就是被困在了这里，无论如何，铁一般的现实。脑子里丝毫没有去想自己运气怎么这么差，这个豆腐渣工程应该谁负责，而所有的意识都在现在这一刻，我应该怎么办。对，这个现实，我接受、认同毫不抵抗并马上设为默认，想且只去想，如果我想离开这个处境应该怎么办？在这种想法之中，你会好过很多。

抗拒，只会让你变得痛苦，让你的生活变成煎熬。一件事情的解决方式，往往是先接受，才能做出改变，因此，接纳是第一步——你需要承认自己有弱点、有缺陷，更有欲望，这才是告别痛苦、远离煎熬的首要步骤。

很多心理与情绪问题其实都是源于个体对自我的不认同和不能和解，因为有时候我们愿意也希望自己可以成为一个什么样的人，这种想法看似无害，实则暗流潜藏。

人的一天其实可以分为很多块，比如：吃饭、睡觉这些基本的生理需求占用一部分，工作、学习这些日常的内容占用一部分，最后，还有剩余出来的部分，我们还能够根据自己的具体情况来划分出不同的板块。一个人也是如此：你有自己好的品质与特质，也有不好的习惯与缺点。你完全没有必要去消除自己的某一个特质或是与这个特质站在对立面。

比如，你的脾气一向暴躁，而你也学习过各种情绪调整方法，如深呼吸、数数来推迟发怒的时间等，但这些办法有时有用、有时完全没有用。你也知道发火不好，你希望将它完全消除，但眼下，你根本做不到。这种时候，接受自己是个“易怒者”，然后给它腾出一个位置，让它与你共存，并不会影响其他的部分，也不会影响你。

每一种情绪的存在都有其必要性，而接纳自己、与自己和解还有另一个层面，就是意识到合理。拿愤怒来说，你的愤怒真的是不可理喻、无法让人理解的吗？很可能并非如此，甚至有些时候，你的愤怒只是因为事情真的让人不开心。

认识到某些事情有其合理性也非常重要，因为有时候，我们会夸大自己的感受或是经验，认为这个并不合理，比如，你认为自己的火爆脾气是自己独有的或者是严重的，或是认为自己在某个重大场合不应该紧张、不应该害怕等，在这种情况下，抗拒的情绪也会出现。

但其实细想起来，害怕、恐惧、焦虑、害羞、紧张等等这些情绪的存在都是合理的，只要未陷入病态之中，就没有必要非要将这些自己认为不合理的情绪处理掉。

当你可以接纳自己的情绪与不足，或者允许自己犯错时，你会对他人、其他的事件更加包容，也会允许别人按他的方式去生活，而不是强迫对方满足我们的要求和需要，因为我们需要的，已经可以自己给自己。

达尔斯先生针对抗拒这种情绪曾经说过，这种自我接纳并非是为了接纳本身而去接纳，更不能将自我接纳放在高阁之上，认为是终极的目标。在他看来，自我接纳更重要的是接纳与共存，而非消除异己。心理学中的接纳不提倡消除与对立，而是在承认不足与缺陷的基础上，与不良情绪或是自己的某个特征共存、共生。

2. 释放悲痛，给自己的心灵“松绑”

有一个地方发生了地震。半年以后，到精神科就诊的人与日俱增。就诊者说，他们在灾害刚刚发生时，并没有什么问题，但是后来却产生了焦躁、抑郁、伤感等情绪，无法得到解脱。

专家分析认为，地震给这些人造成了难以磨灭的心理创伤，让他们沉浸在失去亲人的痛苦中。灾害发生后，他们集中精力清理废墟、料理杂事，然后四处奔波，重建家园。一旦从重建家园的努力中脱身，他们就会被压抑的悲伤刺痛，于是各种不良情绪接踵而至。

事实上，他们根本没有让内心的悲痛发泄出来，而是积压起来，心灵被这种痛苦的情绪裹胁着，一有风吹草动就会让人难耐，苦不堪言。后来，心理专家建议这些人大哭一场，或者到空旷的山谷中呼喊，或者找人把内心的情感都倾诉出来。经过一段时间的调整，这些人逐渐恢复了平静，过上了正常人的生活。

由此可见，一个人有了悲伤情绪，要学会给它们找一个出口，让这些不良体验得到宣泄与化解。反之，如果让它们压在心里太久，终究会有爆发的时刻，而这对我们的身心来说，是一个定时炸弹。

发泄是一种能量的传递，想要“大发脾气”是因为有怒火在胸中燃烧，若不释放出来，便会不断地累积，直到最后某个时机一股脑地爆发出来。发泄怒火其实就是负面情绪的一种，而这种单纯的发泄往往只能让我们得到某种畸形的快感：由于未找出怒火的源头，不能改善不如意的情况，怒气并不会消失，反而会进一步激化负面情绪。

心理学巨匠弗洛伊德用“水库”来比例了人类情绪的具体处理过程，在他看来，每一个人体内都仿佛有一座情绪水库，一旦负面情绪出现时，便会存放于情绪水库之中，若情绪水位累积到个人的情绪警戒线，那么，便会出现无法控制情绪、发怒、暴躁等情形。若情况一直恶化，情绪水库中的负面情绪持续增加，最终的结果便有可能是情绪水库崩溃，心理方面出现问题。

可以说，学会释放自己的情绪水库，驾驭生活中的负面情绪，是维持心理健康更是个人获得高情商的最大前提。

哈佛大学艾里姆教授长期从事于情绪研究工作，在他看来，想要改善负面情绪对人生的影响，首先要了解自己的情绪以及情绪变化的具体规律，以便更好地掌握、传达与控制自我情绪，这样才能实现情绪上的趋利避害。

这种了解其实建立在情绪的规律上：所有人的情绪都有其特定的行进轨迹，有时需要几个小时，有时甚至是几天，一种情绪才能走完它的航程。在此期间，不管我们如何努力地去控制情绪，它都会沿着一个既定的轨迹与一个无法预知的时间表持续向前行进。若我们不懂得情绪的规律，便很容易陷入奇怪的处境中：不仅无法解决引发负面情绪的问题，反而使问题进一步封闭化。

在一天中，我们或许能够让一些微小的烦恼安然度过，但是，一旦某种情绪积累到一定程度，它便必须要走完自己的情绪曲线，没有任何的方法能够减轻它的强度，而这一强度阈便被称为是情绪上的“不归点”。

每一个人都有其特定的情绪强度阈：有些人会在情绪压力到达一定程度后，生上长达两天的气，在两天之中，他会不断地针对生气的事情发怒；有些人则只会在两小时内生气。这种情绪强度阈决定了个人在负面情绪中的表现，它所反映的是个人对情绪表达的价值观。

释放悲痛情绪是必要的，但也要懂得控制，而不能任由自己宣泄。如果不良情绪得不到控制，那么就有失态、失常的危险，也是不足取的。

悲伤的人最需要慰藉。当你被悲痛袭击的时候，要主动与家人倾诉，多找朋友交谈。通常，你会得到应有的抚慰和关心，让自己的心灵得到安宁。

许多人通过交流释放悲伤情绪，最后都能感受到温暖和幸福，这是亲情、友情的力量。

悲痛的时候大哭一场，或者咆哮一番，都能让内心的悲苦宣泄出来。不过，任由悲伤情绪发泄出来，而不懂得控制，也并非好事。因为，任由自己宣泄，很容易被这种行为牵引，而与初衷背道而驰。所以，懂得控制的情感宣泄，才是有价值的。宣泄悲伤的时候，不陷入绝望，而是痛定思痛后走向阳光的一面，才可取。

我们每经过一次悲痛，就向真正成熟的人生迈出了关键的一步。当悲痛降临到你的身上时，首先要释放悲痛；接着，要控制好情绪，痛定思痛，增强免疫力，让身心更强大，足以接受更大风雨的砥砺。

3. 直面悲伤，承认不幸才能战胜不幸

有些人被悲伤情绪包围时，往往会激起否认的心理反应。这种行为，反映了人内心深处的一种逃避思想。比如，有人患了癌症后，不愿相信这是事实，总怀疑医院是不是搞错了，检查是不是和别人的搞混了。等检查结果是自己的确凿无误后，却承受不起，不愿正视现实。

悲伤的事情发生了，就去承认并接受它，想想应对的良策。这样做，总比整天沉浸在悲伤的氛围中更有意义。要知道，“坚强”的背后需要“勇气”，它包含了承受悲伤的果敢。

在一次车祸中，无情的车轮碾断了雪莉的右腿，给她留下了终生的残疾。原本幸福的生活，一下子蒙上了阴影，快乐的她变得忧郁、消沉。在那种剧烈的肉体疼痛消失后，继而便是一阵灵魂的抽搐，它深深地刺痛着她，让她在精神上背上了一个沉重的包袱。

当时，整天萦绕在雪莉脑子里的，尽是一些消极的思想：完了，这辈子算完了。一下子时空变得苍茫、昏暗，一瞬间，犹如掉进了一个冰窟，寒冷彻骨，深深地陷入绝望中，难以自拔。

直到有一天，雪莉被几个朋友挟持着拖上大街，行至十字路口，忽然看见一个身影，双手握着板凳，一推一送地拖着失去双腿的身子，步履艰难地走了过来。

雪莉不由地停下脚步，望着正向她缓慢移动的那个残缺的身体。那个人走过雪莉身边时，看了看她，随后对她笑了笑，依然迈着坚定的步伐向前走去。那臂膀如此坚实，那身影异常稳健，更有那深邃的目光，透露出坚定不

移的自信。

就这样，雪莉被震撼了，看着这逐渐消失的身影，她不住地沉思、自省——终于，在这一瞬间，雪莉领悟了人生的真谛：一个人遭受不幸在所难免，回避就是逃避，只有接受不幸才能走出不幸。

逃避，是懦夫的行为，只会让我们更痛苦。不愿承认现实，“否认”已经存在的事实，其实是正常的心理防卫机制。但我们需要做的恰恰应该是面对现实、接受现实，继而改变现实。

卢梭曾说过：“人要是惧怕痛苦，惧怕折磨，惧怕不测，那么他的人生就只剩下‘逃避’二字。”生活中不如意的事情很多，甚至可以达到“十有八九”，很少有人会真正感到自己的生活是一帆风顺、海阔天空的。

人生际遇不是个人力量可以左右的，每个人都生活在诡谲多变的环境中，这种情况下，唯一能使我们迎接伤痛而不被其击倒的办法，首先便是正视它，接受它。

有一个人担着两筐茶壶去集市上卖，谁知他在经过一个山坡时，几个茶壶从筐里掉出来，摔了个粉碎。他头也不回地向前走，这时有人提醒他说：“喂，你的茶壶摔碎了，你还不快看看！”这人回答说：“既然已经摔碎了，看又有什么用呢？”

这个人显然是一位智者，因为生活中，能像他一样的人实在不多。我们见到更多的是遭遇损失后，或痛心疾首，悔恨不已，或痛哭流涕，悲苦不堪的人。结果白白浪费了时间不说，甚至因为分神，弄不好还会打碎更多的“茶壶”。

对悲伤情绪先要对它说“是”，接纳它，然后试着跟它周旋，输了也是赢。当我们在生活中遭遇不幸，首先也是最好的解决办法便是控制好自己悲伤的情绪，“迎上去”。当你有勇气面对任何悲伤的时候，也就不怕伤痛的侵扰了。

一场战乱几乎摧毁了莱茵河畔的小城，战前四处逃难的居民回到家乡后，见到遍地的废墟，不禁悲从中来，有的人开始抱怨战争的残酷，有的人则开始为自己毫无依靠、毫无方向的人生迷茫不已，有的人因为国破家亡、妻离子散而一蹶不振，也有人放下了心中的悲伤，努力重建自己的家园。

多年以后，很多人重新开始了自己的幸福生活，他们找回了战乱之前的幸福，而有的人却一直都沉浸在悲痛之中难以自拔，战争在他们心中留下了不可磨灭的阴影和伤痛。有位老者看到那些依然难以愈合的心灵，非常同情他们，于是就找到上帝，希望他能够帮助这些受伤者脱离苦海。上帝却摇摇头，无奈地说："微笑的人得到了生活的补偿，失落者则继续着生活的伤痛，对此我也无能为力，因为幸福只留给那些微笑着且对生活怀有希望的人。"

没有永远的风雨，也没有永远的悲伤，人生的下一站也许就会是柳暗花明，然而并不是每个人都能享受到下一站的幸福和喜悦。悲观的、流泪的、失落的、绝望的人总是惯性地生活在阴影之中，他们因为一时的失望，就抹杀掉所有的希望，甚至将人生看成是一场沉沦的晦涩演出。殊不知，只要直面悲伤，就能见到生活中的阳光。

尽管世界上还有很多不尽如人意的，甚至是丑恶的事物存在，但是社会发展的总趋向还是与我们的理想一致的。困难和不幸是任何人都不愿遭遇的，但聪明的人会把它当作成长的机会。人们正是通过在痛苦中挣扎和努力，才发现、选择和创造了美好的东西，也正是因为经历痛苦的磨炼，才登上了幸福的巅峰。所以不要让暂时的痛苦淹没了灿烂的笑容！

4. 无力改变不幸，就坦然面对遗憾

人的一生，或多或少都难免有沉有浮，不会永远如旭日东升，也不会永远痛苦潦倒。如此浮浮沉沉，对于一个人来说，正是一种磨炼。如果我们能保持一种健康向上的心态，即使我们身处逆境，也一定会有“柳暗花明”的那一天。

面对艰难困苦，保持一种什么样的心态，将直接决定你的人生轨迹。不幸发生了，别用失落面对后面的生活，才有重新获得幸福的可能。

22 岁的麦吉刚从耶鲁大学毕业，他聪明英俊，踢足球及演戏剧都表现突出，正是意气风发的好时光。

一个平凡的晚上，他在第五大道散步，一辆失控的大卡车迎面驶来……等麦吉醒来时，发现自己身在加护病房，左小腿已经被截去。他无力地问自己：难道就这样在轮椅上躺一辈子？你会甘心吗？他使劲摇了摇头。其后 8 年，麦吉全力以赴，要把自己锻炼成全世界最优秀的独腿人。复健期间饱受疼痛折磨，但他从不抱怨，终于熬了过来。

失去左腿后不到 1 年，他开始跑步，不久便去参加 10 公里赛跑。随后又参加纽约马拉松赛，成绩打破了伤残人士组纪录，成为全世界跑得最快的独腿长跑运动员。

1993 年，麦吉在南加州的三项全能比赛中，骑着脚踏车疾驰，群众夹道欢呼。突然间，麦吉听到群众的尖叫声。他扭过头，只见一辆小货车朝他直冲过来。

麦吉对于这次碰撞记忆深刻，他记得群众的尖叫，记得自己的身体飞越

马路，一头撞在电灯柱上。他还记得自己被抬上救护车，随后才昏了过去。麦吉四肢瘫痪了，那时他才 30 岁。麦吉的四肢都失去了功能，但仍保存少量神经活动，使他能稍微动一动手臂。

麦吉知道四肢尚有感觉时，有点激动。因为这意味着他有了独立生活的可能。经过艰苦锻炼，自认为“很幸运”的麦吉进步到能自己洗澡、穿衣、吃饭，医生对此都大为惊奇。

接着，麦吉开始了一场残酷的康复训练。他对自己说：“你是过来人，知道该怎样做。你要拼命锻炼，不怕苦，不气馁，一定要离开这鬼地方。”

其后几个月，麦吉再度变得斗志昂扬，复健速度之快，出乎所有人预料。之后仅仅 6 个月，他便重新开始独立生活，又大约 6 个月之后，他在一次三项全能运动会上，以《坚忍不拔和人类精神力量》为题，发表了一篇激动人心的演说。事后人人都围着他，称赞他的坚韧，“麦吉真行！”

天有不测风云，人生中的恩怨、悲喜，以及功名利禄，往往都是互相转化的。不要为过去的失去难过，也不为明天的未知焦虑，更不要为眼下的不幸耿耿于怀，而是要顺其自然，因为生活没我们想得那么糟糕。其实，人这一生中总会遇到这样那样不如意的事情。也许我们无力改变这个事实，但我们可以改变看待这些事情的态度。

第一个态度就是要能够正确面对人生的遗憾，要在最短的时间内把这次灾难造成的遗憾接受下来，不要纠缠在里面，一遍一遍地问天问地，这样只能加重我们的苦痛。

第二个态度就是要尽可能地用自己可以做的事情去弥补所造成的一些遗憾。承认现实生活中的不足之处，并通过自己的努力去弥补这种不足，才是一种积极的对待生活缺憾的态度。

当不幸降临时，最好的办法就是让它尽快过去，这样你才能腾出更多的时间去做更有价值的事情，你才会活得更有效率、更轻松。学会承担现实，那是我们人生中必然要走过的路程，能够微笑地去面对和承担这一切，才是生命里的最高境界。

5. 活在当下，把握眼前

哈佛心理学家丹尼尔·戈尔曼在给一些抑郁症患者进行心理疏导时说道：“每个人都会开心地笑，然而这笑最好是立足于现在的生活，我们能够记得自己曾经的笑容，也渴望将来会笑得更加灿烂，但是有多少人会记起现在的笑容呢？又有多少人会为现在而笑呢？我们没有时间去笑吗？抑或是我们忘却了如何去笑？生活当真需要这样一面镜子，来及时刻录下现在的笑容。”

每一天的生活都可能会有笑容存在，这是生活的常态，但是我们很容易忽略掉最真实的生活，只是因为它太过正常和平凡了，以至于我们根本不会去想到它的存在，更加不能去正视它的存在。然而最容易忽视掉的东西，往往就是生活中最美好的东西，哪怕只是一个微小的细节，它的存在依然不可或缺，依然能带给我们最美好的享受。生活并未辜负过任何人的期望，然而我们确实无视并错过了太多幸福美好的东西，只是因为我们几乎从不曾关注到“现在”的生活。

美国伊文斯工业公司的创始人爱德华·伊文斯年幼家贫，生活颇为艰难，他为此吃了许多苦，但是他为人有理想有目标，而且非常刻苦勤奋，依靠着不懈的努力，他的生活渐渐有了起色，他拥有了一笔可观的收入和存款。

在美国经济萧条时期，一个朋友因为缺钱而央求爱德华暂时替他垫付一笔 1.6 万美元的资金，爱德华没有多想就照办了，但是这个朋友不久就宣告破产，这 1.6 万美金却成为了爱德华的个人债务。更糟糕的是他所存款的那家银行不久之后也宣告倒闭，爱德华失去了千辛万苦才得到的所有存款，他无力偿还债务，也无力维持自己的生计。

面对突如其来的打击，爱德华很快就病倒了，他无法接受这样的现实，因此背负了沉重的思想负担，没过多久他就感觉到身体器官日益衰竭，医生这时告诉他生命也许只能维持两个星期，医生的话让他意识到了生命的宝贵，自己以前从未在乎过这些东西，现在却觉得弥足珍贵，他决定放下那些负担，安安心心地过好自己余生的每一天。

爱德华认真对待生活的每一天，并且顺利熬过了这两个星期，创造了奇迹的生命还在延续。六个星期之后，虚弱的爱德华依然睁着眼躺在病床上，良好的心态赋予了他第二次生命，这一点就连医生也感到惊叹，不久之后，爱德华终于战胜了病魔并很快恢复了健康。

人们总是在即将失去的时候，才会想起珍惜自己所拥有的东西，很多美好都轻易错过了，等到发现之后才后悔不已。我们总是习惯性地追求那些不可预知的未来，总是习惯性地缅怀过往那些不可忘却的记忆，然而真正的生活是实实在在的每一天，生活中的每一天都值得去过。诚然忘却过去就是背叛历史，无视将来就是抹杀理想，但是世间最有价值的东西永远都是现在所能体验的幸福，而不是“得不到”的将来和“已失去”的过去。

过去的已经过去，将来的还未曾发生，我们无需去挂怀太多，越是执着就越是困扰，不知道把握当下生活的人，永远只活在过往记忆的伤感和将来梦想的辛苦等待之中，却白白错失掉生活中许多美好的东西。我们憧憬着未来的美妙恋情，回味着初恋的气息，却常常对身边的幸福置之不理；我们把未来设置成最美的理想，把过去想象成最好的人生经历，却不知当下的生活才是最值得期待的。

正如古希腊哲学家库里希坡斯所说：“过去与未来并不是‘存在’的东西，而是‘存在过’和‘可能存在’的东西。唯一‘存在’的是现在。”这“存在”的“现在”就是生活中最有意义的一部分，是整个生活的中心。我们却常常舍本求末，去过往的沉浮和未来的迷茫中寻找生活的答案，其实生活已经给出了答案，只是我们流连于过去与将来，被浮云遮蔽了双眼，从来不曾看到过。

其实，人生既然不能回头，又何必总是要执着地回头去看，一切不愉快的记忆都只能徒然增加自己的伤感；人生也还未走向将来，所以无需成天沉迷于美梦之中，那些尚未可得的美好生活或多余的担心只会增加自己的心理负担。生活需要认真过好每一天，否则今后的每一天都将轮回在过往的伤感和将来的担忧之中，我们失去的每一个“今天”，都将成为记忆伤感的资本、成为美好明天的一次浪费。

贝多芬没有在往日的生活里痛苦地追忆美妙的声音，海伦·凯勒也没有虚妄地活在将来的光明世界里，他们认真地对待上帝所赐予的每一个今天，他们曾是那样的困顿，但是却从不曾抱怨生活，因为在他们看来，生活中的每一天都值得去活，人生的每一天都值得去发掘幸福，他们知道自己已经失去了太多东西，也无法从将来的生活里预支更多幸福，但是他们还能够也唯有去把握当下的幸福，而这也许才是对生活对自己最好的弥补。

法国著名思想家巴斯葛对于人类舍近求远去追随幸福的行为感到不可思议，他在《沉思者》中这样说道：“我们向来不曾把握现在，不是沉湎于过去，就是殷盼着未来，不是拼命设法抓住已经如风的往事，就是觉得时光的脚步太慢，拼命设法使未来早点到来，我们实在太傻，竟然流连于并不属于我们的时光，而忽视唯一真正属于我们的时刻。”

生活给了我们足够多的幸福，只是我们常常视而不见，要么就是想得太久远，要么就是看得太超前，然而幸福是需要用手去实实在在把握住的，一切幻想和期望都不够真实，一切记忆和怀念都无法再现，幸福生活应该从当下开始，幸福生活就在现在。所以，我们不要轻易就去遗忘掉生活的每一天，要懂得珍惜眼前人，珍惜眼前事，珍惜眼前的幸福。

6. 痛苦和快乐只是生活的调味品

人生下来就是要受苦的。生、老、病、死、爱别离、求不得、怨憎悔，这些无一不伴随着苦楚。所以，婴儿一出生，就要以大声啼哭的方式，迎接一系列即将发生的苦痛。

在这个竞争白热化的社会中，我们的步履，越发艰难了。小的时候，我们要拼命学习，拼命填塞自己完全不感兴趣的知识，拼命与自己的朋友，同学竞争。十几年寒窗苦读之后，我们又要被迫与“千军万马”一起踏过早已岌岌可危的“独木桥”。哭了、笑了、累了，当我们走出象牙塔，只想安心找份工作时，却发现，这个世界又变了。接下来又是怎样的呢？我们找到工作，却又不得不拼命地付出更多努力，只为博取伊人一笑，只为拥有一个容身之处，只为不被亲戚朋友看贬。结果，我们一生都在劳累奔波，就像磨房里不停转圈的驴子，何曾享受过一分属于自己的快乐呢？

我们的一生，难道就真的在痛苦中度过么？如果真的如此，那我们人生的意义，又在何处呢？

苏格拉底曾经说过一句话：“如果让所有痛苦的人把痛苦放在一起重新选择，人还会选择自己的那份苦。”如果将人生比作一杯略带清苦的绿茶，苦楚的滋味与生俱来，虽无法逃避，而细细品咂之下，却能品出别样滋味。

曾经有一位杰出的演讲家，他的演说场场爆满，受到众人的追捧。他演说的内容，格外与众不同。当其他人都在台上大谈自己的成功经验时，他却细细地讲述着自己那些惨败的经历，并告诉人们，如何小心人生中的各种陷阱。有人惊奇他的成功，向他问道：“你为何毫不在意向众人揭露自己的伤疤呢？”他笑了笑，回答说：“当我独自舔舐伤疤时，我是孤单而痛苦的，而当我将我受到的教训展示给世人时，我心中感受到的，是分享的喜悦。”

毫无疑问，这位演说家对人生的阐述极其成功。我们这一辈子，就像一场盛大的烹饪大赛，大部分食物在精心烹调之前，都是枯涩无味，难以下咽的。人生最终的滋味究竟如何，关键在于你往其中撒下的作料。

一个叫帕克的人开了家汽车修理场，闲来无事时，他总喜欢背上背包，邀上几个圈中好友，满世界去行走。帕克爱旅行到什么程度呢？据他自己说，这辈子要是离开了旅行，恐怕生命也会失去意义。故事也就由此展开了。

说起旅行，恐怕许多人脑海中出现的第一景象，便是“导游”“火车”“旅馆”“拍照”这些富有旅行特色的词语。但对于帕克来说，这么行走，未免太无趣了。他所钟爱的，是真正的“行”和“走”。这两个字的具体解释就是，行到哪、吃到哪、走到哪、住到哪。

在这种真正的旅行中，他感受到了许多完全不同的心境。有一次，帕克问朋友：“你知道什么样的酒店，才真正配得上五星级的称号吗？”朋友对此不屑一顾，以为帕克在揶揄自己，便随意答道：“不就是装修富丽堂皇，房间达到国际五星标准的酒店吗？”帕克却摇摇头，随后讲了这样一件事。

在一次旅行中，他和几个朋友沿着一条山间小道走了一天一夜，沿途没有看见一户人家，没有看见一个人，也没有看见一辆过往的车辆。就在他们筋疲力尽时，终于到了一个小镇，住进了镇上唯一的一家旅馆。旅馆里没有像样的地板、干净的桌子，也没有可供娱乐的电视、电脑，甚至连提供清凉的空调都没有。房间里唯一的，就是一张超大的木板床，还有可供洗漱的热水。

帕克说，他们看见这两样东西时，眼泪都快流下来了。那种感觉不是失望，是开心，是幸福，是比住一切五星级酒店都要舒服的喜悦。

幸福是什么？快乐又是什么？其实，世间的道理哪有那么复杂。幸福的感觉，就是饿了有饭吃，困了有床睡，渴了有水喝。而快乐，就好比走在路上要上厕所了，发现公厕就在身边，卫生纸就在手边。

当你不饿不累不渴不乏时，就算送上美味珍馐，拉你去最豪华的酒店，你也未必会有满足感。什么都不缺的人和感受不到痛苦的人，快乐也未必会降临到他们身边。

其实，生活从来就没有永远的快乐和永远的痛苦。有人每天的生活看似平淡无趣，他们自己却乐得洒脱；有人每天忙忙碌碌，好像没有停歇的时间，他们自己却觉得非常充实。

因此，无论人生是苦酒也好，是清茶也罢，你往里放盐，它就变咸，往里放糖，它就变甜。生活的味道，其实全在于我们的心境，酸甜苦辣都是我们自己来调配的。人生的滋味，其实永远都是掌握在我们自己手中的。

7. 忘记苦难和不快，才能收获幸福

在阿拉伯传说中，有这样一个故事：两个朋友结伴在沙漠中旅行，突然不知道为什么两人发生些不愉快，于是大吵起来，结果一个还给了另一个一记响亮的耳光。被打的并没有还手，但他很觉得受辱，心里实在难过，就干脆一言不发地在沙子上如此写下：今天我的好朋友打了我一巴掌。

他们两人继续前进着，可是没想到却遭遇了流沙，两个人奋力挣扎，被打巴掌的那位差点就淹死，幸好他的朋友冒着生命危险极力救助才侥幸捡回了一条命。被救者心中非常感激，于是就拿了一把小刀在一块石头上刻了这样一段文字：今天我的好朋友救了我一命。

这时朋友注意到了，于是好奇地问他："为什么我打了你以后，你要写在沙子上，而现在要刻在石头上呢？"

"受到伤害时，要写在易忘的地方，因为风会负责抹去它；相反的，如果获得了帮助，就要把它刻在心里的深处，那里任何风都不能抹灭它。"他微笑地回答道。

法国大文豪巴尔扎克曾说过："遗忘是刚强的、有创造力的人的法宝，他们会像自然一样地遗忘，自然界就不知道有什么过失；弱者不是把痛苦作为惩前毖后的教训，反而在痛苦中讨生活，浸在里面，天天回顾以往的苦难，折磨自己。"

哈佛一位哲人也说过："只有学会忘记苦难和不愉快，才能成为最幸福的人。"为了使自己的感觉不被担忧、恐惧、忧郁等消极情绪所左右，我们应该学会不让生活中一些不愉快的事情改变现有的美好心情，而是学会忘记

它们。

有个美国人叫鲍勃·彼得雷拉，是洛杉矶的一名电视制作人，60多岁，有着超常的记忆力，能够记住5岁以来几乎每个生日的细节，过去40年来度过的每个新年前夜，1971年以来历届奥斯卡奖主要得主，甚至是某天某场橄榄球比赛的得分等等。

这样超常的记忆力是每个人所羡慕的，但是，任何事情都有其积极的一面，也有其消极的一面。彼得雷拉的超常记忆给他带来了不少烦恼，因为他在记住过去的美好瞬间的同时，也难以忘记那些令他痛苦和难过的伤心事。

从这个角度来看，彼得雷拉的生活又充满了哀愁，甚至是莫名的悲哀。因为，他的记忆中存满了那些令人不乐的碎片，给他带来了无尽的苦恼。

澳大利亚人朗达·拜恩写的《秘密》一书中提到过一个很重要的人生哲理，那就是“吸引力法则”。按照拜恩的观点，思想是有磁性的，有着某种频率。

生活中，如果你为一件事情感到高兴，吸引力法则就会将所有让你感到高兴的事吸引过来，使你感到心情无比轻松；反过来，如果你不断抱怨，吸引力法则就会给你带来所有让你抱怨的状况，让你在相当长的一段时间内情绪低落。

拜恩的《秘密》还告诉我们，当你感觉到不愉快时，你是在长时间地思考那些不愉快的事。从这个意义上来说，我们的任务就是不能让那些不愉快的感受长期占据着我们的思想，也不能让生活中的一点点挫折就抹杀我们愉快的心情。

“超理性财富课程”创办人鲍勃·道尔说：“如果你从拥有美好的一天开始，并且沉浸在那种快乐的感觉中，只要不让某些事转变你的心情，依据吸引力法则，你就会吸引更多类似的人和情境，来延续那种幸福快乐的感觉。”

已经发生的，就让它过去吧，别再为那些伤心事烦恼、哀怨，你才能打起精神，继续下一步的行动，让生命里多一些阳光。我们可以用许多积极的办法，去改变消极的情绪。比如说，当我们感到沮丧的时候，可以唱唱歌，欣赏美妙的音乐，进行体育锻炼，与朋友聊天，与心爱的人在一起，或是憧憬未来，回忆美丽的往事……总之，要把不愉快的思想和情绪统统赶走，只保留那些美好的感觉。

Class 8

不纠结于悔恨情绪

回忆中有美好和幸福，也有痛苦和遗恨，然而美好却并不经常被人记起，反而是悔恨总要被一遍又一遍地回顾。过去的事情不论多么值得留恋或是多么应该悔恨，它已经过去了，已经不存在了，该忘的就应忘掉，我们总不能因过去的错误而沉浸在忏悔中虚耗一生。既然这样，我们何苦要悔恨过去而放弃现在呢？请牢记一点，真正重要的东西还握在你手里，你拥有现在和未来。生活应该是实实在在的，它不是一幅虚无缥缈的山水画，它是有活力的，是你能触手可及的。

1. 不要为打翻的牛奶哭泣

无论你快乐或者痛苦，生活是不会因此而放慢脚步的。人生是一个过程，而不是一种结果，所以人一生就是把无数明天变为今天，再把今天变为昨天的过程。就算我们错过了昨天，还有好多可以把握的今天。

保罗博士曾给他的学生上过一堂难忘的课。这一个班多数学生为过去的成绩感到不安，他们总是在交完试卷后充满忧虑，担心自己不能及格，以致影响了下阶段的学习。

有一天，保罗博士在实验室讲课，他先把一瓶牛奶放在桌子上，沉默不语。学生们不明白这瓶牛奶和所学课程有什么关系，只是静静地坐着。忽然，保罗博士站了起来，一巴掌把那瓶牛奶打翻在水槽之中，同学们都吃惊地瞪大了眼睛，这时，保罗博士说了一句："不要为打翻的牛奶哭泣！"然后，他让所有的学生围拢到水槽前，仔细看那破碎的瓶子和流淌着的牛奶。

接着，博士一字一句地说："你们仔细看一看，我希望你们永远记住这个道理。牛奶已经淌光了，不论你怎样后悔和抱怨，都没有办法挽回一滴。你们要是事先想一想，加以预防，那瓶奶还可以保住，可是现在已经晚了，我们现在所能做到的，就是把它忘记，然后注意下一件事。"

生活中，你可以设法改变三分钟以前所发生事情产生的后果，但不可能改变三分钟之前发生过的事情。唯一能使过去有价值的办法是，以平静的态度分析当时所犯的错误，从错误中得到教训——然后再把错误忘掉。

著名的棒球手康尼·马克，谈起他对于输球的烦恼时说："过去我常常这样做，为输球而烦恼不已。现在我已经不干这种傻事了。既然已经成为过去，何必沉浸在痛苦的深渊里呢？流入河中的水，是不可能取回来的。”

不错，流入河中的水是不能取回的，打翻的牛奶也不能重新收集起来。但是你可以在事情发生后采取积极的态度，而不是沉浸在伤感、后悔的情绪里。

一位前重量级拳王谈到失败时说：“比赛的时候，我忽然感到自己似乎老了许多。打到第十回合，我的面部肿了起来，浑身伤痕累累，两只眼睛疼得几乎睁不开，只是没有倒下罢了。我模糊地看见裁判员高举起对方的右手，宣布他获得比赛的胜利。我不再是拳王了。”

以后的日子怎么过呢？昔日的拳王尝试再次比赛，企图找回自信，但是没能如愿。接着，他面对现实，告诉自己不必生活在过去，要承受住打击，决不能让失败打倒自己。

这位前重量级拳王实现了他的诺言。他承认了失败的事实，跳出烦恼的深渊，努力忘掉一切，集中精神筹划未来。他的成就是经营比赛、宣传和展览。他使自己忙于建设性的工作，没有时间为过去烦恼。这使他感到现时的生活比当拳王时的生活还要快乐。

他在不知不觉之中实践着莎士比亚的一句名言：“聪明人永远不会坐在那里为他们的损失而哀叹，却情愿去寻找办法来弥补他们的损失。”

已经发生的事情，就让它继续吧，殚精竭虑甚至后悔都没有用。顺其自然，保持平和的心态，让当下的自己保持一份平淡，这才是生活的真谛。

不要为失去的东西而惋惜或后悔，甚至埋怨生活。要知道，真正重要的东西还握在你的手里，你依然拥有现在和未来。即使你埋怨，一切也不会改变，失去了的东西是永远也不可能回来的。

过去的已经过去，所以，不必有后悔情绪，不必忧虑和悲伤，不必流眼泪。在这个世界上，人们难免有失策或愚蠢的行为，那又怎么样呢？要勇于忘记过去的不幸，重新开始全新的生活。

2. 心态豁达，不和自己过不去

一位英国哲人说过这样一句名言：“人之所以不安，不是因为发生的事情，而是因为他们对发生的事情产生的想法。”也就是说，对于已成事实的事情，即使结果不好，我们也应该调整好自己的情绪，平静地接受它。

在一个乡村，住着一对清贫的老夫妇。有一天，他们想把家中唯一值点钱的黄牛卖掉，到市场上去换点更有用的东西。

老头牵着牛去赶集了。他先与人换回一头驴，又用驴去换了一只羊，再用羊换来一只肥鹅，又把鹅换了母鸡，最后用母鸡换了别人的一大袋烂苹果。在每次交换中，老头都想给老伴儿一个惊喜。

在回家的途中，老头扛着大袋子来到一家小酒店歇息，遇上了两个商人。闲聊中，他谈了自己赶集的经过，两个商人听得哈哈大笑，还说：“回去你准得挨老婆一顿批评。”

然而，老头坚称绝对不会。于是，两个商人就用一袋金币打赌，如果他们说的不对，就把这袋金币送给老头。

三个人一同到了老头的家里。老太婆见老头子回来了，非常高兴，她兴奋地听着老头子讲述赶集的经过。每听老头子讲到用一种东西换了另一种东西时，她都对老头钦佩不已，嘴里还不时地说：“哦，我们有驴子可以驮东西了”“羊奶也同样好喝”“哦，鹅毛多漂亮”“我们有鸡蛋吃了”。

最后，听到老头子背回一袋烂苹果时，老太婆同样不愠不恼，大声说：“太好了，我们今晚就可以吃到苹果派了！”

结果，两个商人顿时傻了眼，没想到老太婆这么乐观积极，就这样，他们输掉了一袋金币。

俗话说，“宰相肚子里能撑船”。这位老太婆虽然不是宰相，但是她不会为失去一件好的东西而惋惜或埋怨生活，这不仅是大度，更是对待生活的一种豁达心态。

豁达会让我们在遇到困难时，能够冷静思考，采取积极的行动，战胜它、克服它，会活得比别人更快乐、潇洒。

为什么生活中有些人整天担心这个、忧虑那个？是因为他们缺少一颗豁达的心，不懂得放下已经不存在的东西，还纠结于那些早已成为过去的东西。于是，他们埋怨、悔恨，总与自己过不去。

所以，遇到不顺心的事情，别总是后悔自己当初的决定，总抱怨自己判断失误。要学会把目光聚焦于明天，期待未来的好运程，这样一来生活中就会多一些开朗、乐观，你的生活就会饱满而充实。

与其悔恨，不如用行动改变自己。生活中的不如意难以避免，经历人生风雨的时候，豁达的心态是我们应对坎坷与挫折的良药——它能够使我们保持开阔的胸襟，积极乐观地坚守自己的人生理想，避免因一次打击而一蹶不振的尴尬。

3. 积极反思，从后悔中吸取教训

人都有做错事情的时候，做错事就可能会后悔。产生后悔的心理并不可怕，可怕的是消极地对待后悔。有些人做错了事就强迫自己不去后悔，这样只会一直错下去，直到泥足深陷，这时再后悔或许就已经晚了。

其实，一个人只有懂得后悔，才能学会吸取教训，以后才不会再犯同样的错误。需要注意的是，产生后悔情绪时，要懂得自我控制，也就是说别让后悔情绪无限蔓延。因为，无止境的后悔和埋怨，会恶化你的情绪，且对未来毫无帮助。如果你为一件事后悔一个星期，倒不如用一天的时间后悔，用剩下的六天去改变。

后悔的确是人心理上的一种遗憾感情，但是它并不是完全消极的，因为在后悔中隐含着自己对挫折、失败的反思，隐含着一种“跌倒了，爬起来”的愿望。一个人只有懂得后悔，才不会犯同类的错误，那么，下一次也许会做得更好。所以，与其强迫自己不后悔，不如从后悔中反思、感悟。

有一男生和女生一起去参加某公司的招聘考试，该公司将两人分三天做三次考核。第一次考试，男生取得99分，而女生则以95分排在第二。第二次考试试卷发下来时，男生感到纳闷，因为试卷与第一次完全一样。但监考人员说没有错，他便懒得去想，潇洒地重做了一遍。第二次分数出来后，他还是99分位居第一，那位女孩还是排在第二，不过这回她得了98分。

第三天的考试依然准时进行，令他意想不到的是，这次试卷仍然和前面两次完全相同。但监考的人员还是那句话：“认真答卷，不要有疑问！”两位考生老实地再答了一遍。只是当他自信而从容地用不到半小时即完成试卷时，瞥了一下那位女孩，她似乎还在绞尽脑汁冥思苦想，时而修改，时而补充，直到考试时间结束后，她才把试卷交上去。

第三次考试成绩公布了，他依然是99分，只是这次女孩也考了99分，但是他一点也不担心被挤下来，因为他觉得自己足够优秀。可是第四天公布的录用结果却让他大吃一惊：公司录取的竟然是那个女孩，而不是他！

总经理笑着告诉他：“我们很欣赏你的考分。但我们没有承诺谁考了最高分就录用谁。不错，你每次都考了最高分，可惜你每次的答案都一模一样，一成不变。如果我们公司也像您的答题一样，总用一种模式去经营，能摆脱被淘汰的命运吗？我们需要的员工不但要有才华，更应该懂得反思，善于反思善于发现错漏的人才能有进步，职员进步公司才能有发展，我们之所以用同一张试卷对你们进行考核，不仅仅考你们的知识，也在考你们的反思能力。”这一番话说得他哑口无言，羞愧难当。

一个不会反思，甚至不去反思的人，是不会有所成长的。所谓反思就是指通过思考来省视检讨自己的言行举止，看自己在哪里犯了错，看看有没有需要改进的地方，好为以后做出准备，尤其是当同样的事情再发生时，能够做出正确的改正，要做到比第一次更好。

发现错误之后有了悔意，这很正常，关键是怎么对待它，下一步怎么走。正确地对待后悔就要学会将后悔转化为深刻的经验教训，从而不断完善自己。为此，我们可以从以下几个方面入手：

1. 淡化

淡化后悔的情绪并不是彻底忘记，适当地在心里保留后悔的经验教训才能在未来的处事中更加认真、慎重。而“健忘”正是屡屡犯相同错误的原因。在后悔情绪较严重的时候应该及时淡化这种情绪，投入到积极的挽救行动中去。空想是没有用的，实际行动才是解决问题的直接办法。

2. 反思

解决问题的最好方法就是对症下药。只有知道自己为什么后悔，才能找到解决问题的方法。以后如果再遇到类似的问题，就可以做出不再让自己后悔的举动。

3. 定位

正确地估计自己的能力，找准自己的位置，就不会对自己抱过高的期望，不致因失败而生埋怨。应该大胆地行动，同时做好为自己一切行为承担责任的心理准备。只有在行动中全面认识、锻炼自己的能力，发现自己的优势，找到自己的短处，重建自信的基础，才能减少失败免生后悔。

曾就读于哈佛大学计算机和心理学专业、美国社交网站 Facebook 的创办人马克·扎克伯格说："当我还在大学时，我犯下了许多愚蠢的错误，对此我并没有找借口，而是认真反思。" 反思能够使人更成熟。因为在反思中，人们不断地去思考自身，了解自己，改进自己，所以在工作、学习与生活中，也就能够不断地改进自己，提高自己，走向成功。

4. 选择现在，做好自己

往事不可追。昔日的时光不论是好的、坏的，都已经过去了，受苦受难也好，幸福愉快也罢，统统都留存在了我们的记忆中，丰富了我们的阅历，成熟了我们的思想。

不过，总有一些人，一味沉迷于对往事的怀念或者戚戚于昨日的伤痛，这样做是完全没必要的。其实，人生最美好的时光，正是宝贵的现在。别去后悔过去，牢牢把握住当下，你的人生就会很精彩。

1973 年，英国利物浦市一个叫科莱特的青年，考入了美国哈佛大学，常和他坐在一起听课的是一位 18 岁的美国小伙子。大学二年级那年，这位小伙子和科莱特商议，一起退学，去开发财务软件。当时，科莱特感到非常惊诧，觉得现在退学还不是合适的时机，便委婉地拒绝了那位小伙子的邀请。

10 年后，科莱特成为哈佛大学计算机系 Bit 方面的博士研究生，而那位退学的小伙子也是在这一年，进入美国《福布斯》杂志亿万富豪排行榜。1992 年，科莱特继续攻读，拿到博士后学位；那位美国小伙子的个人资产，在这一年则仅次于华尔街大亨巴菲特，达到 65 亿美元，成为美国第二富豪。

1995 年，科莱特认为自己已具备了足够的学识，可以研究和开发 32Bit 财务软件了，而那位小伙子则已绕过 Bit 系统，开发出 Eip 财务软件，它比 Bit 快 1500 倍，并且在两周内占领了全球市场，这一年他成了世界首富，一个代表着成功和财富的名字——比尔·盖茨也随之传遍全球的每一个角落。

科莱特则非常后悔，为过去的选择失误而后悔不已。堂堂哈佛的博士研究生，最后成为一个沉浸在后悔中不能自拔、碌碌无为的人。

为过去的失误而一味后悔，总沉浸在对明天的想入非非里，这对你的人生又能起到什么作用呢？过去的岁月也许是春风得意也许是痛苦无奈，但一切又有什么关系呢？日子还不是一样这么一天天地过来了。当一切都成为往事的时候，昔日里的风光无限或者艰难困顿也会随之远去，所有的经历都变成了我们珍贵的人生财富。

同样，人生是一个充满了变数的旅程，月有阴晴圆缺，人有旦夕祸福，未来对于我们而言是一个未知数。这也需要我们把握现在，做好自己。否则，未来某个时刻才意识到今天没努力，那么只有在未来后悔今天的愚蠢了。

每个人都有自己的路途，每段经历都是生命留下的印记，不论回忆是美好的还是痛苦的，都是已经发生的。不要过多地后悔，而应调整好情绪，迎接每天新升的太阳。生命短暂，青春有限，你不会有太多的时间去等待去追忆去痛苦，把握好现在，做好自己，你就会有更多的精力面对未来！

或许你拥有自己的观点、偏好与梦想，但是其他人同样如此。你根本不需要为了他人改变自己，但是你也应该明白，你更不必为了做自己而对那些与自己意见相左的人无礼，他们不是你。

若有某种不入流的事情引起了你的兴趣，你不需要为了避免尴尬而刻意躲开！做自己的真实意义在于，你需要以行为来反映出自己内心的想法，不管你喜欢什么，这些都是你的权利，不管它有多另类。

若你与他人所表达的看法有些差异，你不需要与对方争出观点的对错，干脆以无礼相待更不可取。但是，你也不应假装同意，因为一旦这样做，你便需要虚伪行事了。

即使你发现自己对他人鄙夷或者完全没兴趣的事情发生了兴趣，你也不需要害怕或者隐藏，站起来将真实的内在自我展现出来吧，大家自然会明白，你有多么自信。

不要为任何事情操心，你只需要做好自己，同时实现自己最丰富的人生即可。

5. 想得开才是天堂

生活中，许多人遇事爱钻牛角尖，喜欢跟自己较劲，有时候，这种坚持是必要的，但是许多时候却是一种藩篱。时光匆匆过，恐怕别人已经欣赏了更多美景，而你还在原地坐困愁城。要知道，面对同一件事，想得开是天堂，想不开是地狱。

有个女孩很要强，总是怕别人看不起自己。考大学那年，因为过分担心考不好，她就整天开夜车，最后由于体力不支，临考前病倒了，结果只上了一个二流大学。

后来，她参加工作，遇到任何事情都积极参加，却总会好心办坏事，屡次被辞退，事业毫无起色。

终于她结婚了，本来寄希望于家庭幸福的她又失望地发现，老公不能给自己更好的生活品质，对自己越来越漠不关心。于是，她整天吵着和老公闹离婚，孩子的学业也受到影响，整个家庭鸡飞狗跳。

在这样的生活中，理想中的幸福，以及原本该有的快乐似乎离她很远很远。每天，她都后悔自己当初的选择，结果心情越来越糟糕。

生活真的对她不公平吗？难道真的是选择的错误吗？究竟是哪里出了问题呢？让我们看看另一位女孩的经历吧！

这个女孩与上一个女孩相反，她总是一副无所谓的样子，似乎天大的事都不放在心上。考大学时，别人都急得像热锅上的蚂蚁，吃不好睡不好，她却吃得饱、睡得香。有人问她为什么不着急，回答是："急也没用，反正该学的我也学了，考成什么样子就什么样子呗。"结果，她超常发挥，高兴地进了自己梦寐以求的大学。

工作后，身边的人都巴结领导，希望获得一个更好的岗位，她却按兵不动，在自己的工作中开心做事。过了几年，她由于工作经验丰富、执行到位，被委以重任，担任要职。

结婚前，身边的姐妹都挑来挑去，生怕嫁得比别人差，她却找了一个很普通的人。婚后，老公对她很好，几年后两个人就通过奋斗，拥有了该有的一切。因为不苛求，反而收获了无尽的快乐，也让成功如期而至。

生活中有太多的东西值得我们去追求，但是我们又没有足够的精力，这就常常使我们因为没有达到目的而感到后悔。请不要悲伤、不要难过，鱼和熊掌不可兼得，面对两难的选择时，要学会放弃其中一个，决不后悔。

许多人都在问一个相同的问题：生活是什么？其实答案很简单，它就是"看得开"。无论面对顺境还是逆境，无论承受压力还是闲庭信步，都能泰然处之，不为无谓的得失苦恼，过好当下的每一刻，这就是触手可得的幸福人生。

人的一生中有许许多多的欲求，有的能得到，有的永远都得不到。许多时候，看开一切，反而能轻装前行，不但内心愉悦，也更容易接近心中的梦。

6. 后悔，不如着手弥补

当你因为一些错误的抉择而陷入后悔中时，你最应该避免的是那种“如果不做就好了”的想法。要知道，没有做往往会比做错了更令人后悔。你应该明白的是，在一段时间内，这种后悔所带来的痛苦将会持续困扰你，同时，你也应意识到，如何让自己挽回损失、避免类似错误，是你日后减少此类后悔情绪的关键。

40岁那年，一直默默无闻的小人物托马斯·卡莱尔在穷尽了前半生的全部心血之后，终于完成了自己的第一部书稿。他迫不及待地将这本书稿交给了自己的好朋友——早已盛名远播的经济学家与哲学家约翰·斯图亚特·穆勒，请他担任自己的第一位读者。

穆勒为了不辜负朋友的重托，将所有的事务都推掉了，将自己关在安静的书房中，花费了整整四天的时间，将全书进行了一字不漏的仔细阅读。随着阅读的不断深入，穆勒越来越感受到，这是一本了不起的巨著。将最后一页读完后，按捺不住内心的激动的穆勒将书稿放在了椅子上，走出书房，来到小花园中，思考着应该如何最大限度地使用自己的影响力，令这本伟大的著作尽快引起外界的关注。

然而，此时灾难也降临了。当穆勒离开书房后，恰好一阵寒风吹来，桌上的书稿被吹落了一地，前来送甜点的女佣在看到了散落一地的书稿后，误认为是主人丢弃不用的废纸，于是便将它们收拾干净，并顺手扔到了火炉中。

当穆勒知道书稿被烧后，他几乎快要晕厥过去了。怀着巨大的痛苦与内疚，他来到了卡莱尔的家里，并将这个难以启齿的不幸消息告诉了卡莱尔，卡莱尔一下子惊呆了。在很长一段时间里，两个人都没有说话。

后来，卡莱尔回忆起当时的情形时说："我清晰地记得，在那一天，穆勒如同一个鬼魂一般，面色惨白的他几乎惶恐得无法站立，他的痛苦是如此强烈，使我认为，我必须要反过来对他进行安慰。"最终，从震惊中清醒过来的卡莱尔对着自己愧疚难当的好友说道："好了，我的朋友，你不需要这么痛苦，我已经决定了，我将重新书写这本书。"

但重写谈何容易？对于一个作家而言，将一部已经完成的著作再靠着记忆重写一遍，比另起炉灶新写一本书更为吃力和痛苦。但卡莱尔最终顶住了巨大的精神煎熬，以罕见的毅力在数月后再次完成了这部书稿。

当得知卡莱尔将书稿重新完成后，穆勒的喜悦甚至超过了卡莱尔本人：他终于能够走出痛苦与内疚了！他欣喜地问道："我完全可以想象出这项工作有多么艰巨，但是，我想知道的是，你的动力来自于何方？"

卡莱尔说："我的朋友，我们无法阻止已成事实的事情，但是却有能力改变既定事实对我们的生活产生的影响。"

如果错误已经出现，就算你再怎么后悔，也不会对事实产生任何的影响。此时，你应该看看，是否还能够做出补救，为此，你应积极地采取相应的措施。若结果已成定局，你更应意识到自己的错误，同时下定决心将损失降到最低。

哈佛大学为了培养出最顶尖的精英，老师会尽量对学生们的决策能力进行训练，让他们在多项选择中做出最明智的决策。但是，当学子们做出了错误的选择时，老师并不会让他们过多地去计算决策所造成的损失，而是在总结教训以后，便及时引导他们走出失败，再次参与决策过程。老师这样做的原因很简单：与其后悔，不如着手弥补。

哈佛心理学专家认为，后悔本身带来的痛苦远比错误事件引发的损失更为严重。后悔往往发生于做错事情以后，由于无法放下过往的错误，人们会产生过度的自责、不安，并会让自己陷入痛苦之中。若无法及时从后悔事件中走出来，那么，个人便会在痛苦中陷入恶性的情绪循环。所以，一旦做了错事，不要把时间浪费在后悔上，赶快着手弥补吧！

7. 既然不能改变，不妨试着接受

美国已故的性感女星玛丽莲·梦露曾经说过：“如果你无法忍受我最坏的一面，你也无法得到我最好的一面。”就像每个硬币都有两面，生活也会有好的一面和不好的一面，如果一味地希望远离那些自己无法控制和认可的坏事情，无法接受这些不能忍受和改变的一面，那么一定无法享受到生活带来的快乐与美好。生活并非总是一帆风顺，我们需要接受它的好，也要直面它那些无法控制的不好，而且很多时候，能够接受生活最坏的一面，是享受美好生活的一个重要前提。

我们总是习惯性地假设自己有多么的漂亮、多么的富有、多么的有才干，甚至习惯性地幻想着能够将一切美好的事情都归到自己身上。但假设始终都是假设，我们依然要面对生活，面对一个平凡的自我。想要去逃避或者幻想，只能增加生活的困扰，只能在无意义的举动中凸显出人生的无可奈何。

生活中总有许多事情是我们无法控制和改变的，我们的出身、我们的相貌、我们的生存环境，生老病死、意外或者灾难，这些往往让人感到无奈，但除了无奈，我们又能够做些什么呢？既然无法改变生活所带来的一切，不妨安然地接受生活的赠予，无论你想要或是不想要，都无法改变必须面对的事实，无论你愿不愿意，这就是生活的真相：它偶尔给予馈赠，但从来都不能保证一定会天遂人愿。

不要为那些自己无法控制的事情而烦恼，不要为那些已经出现的结果而感伤，生活不会永远都给你设置一个完美的结果，你最终还是要亲自面对那些自己无法左右的事情，既然无法逃避也无法改变，为什么不坦然地去接受呢？我们也许没有能力改变自己的生活环境，但却有能力改变自己的生活态度，有能力决定以怎样的心态来面对生活，我们既然竭尽全力也无法改变这些事情，不如竭尽全力地去接受。

有个旅行者经过一个旅馆时，见到天色已晚，就寄宿下来，他担心明天的天气会对自己的行程造成影响，于是就问坐在墙角的一位老人："您认为明天的天气怎么样？"老人非常礼貌地站起身来，然后看着天空说："我想应该会是我喜欢的天气。"

旅行者没能得到自己想要的答案，于是进一步问道："明天是个大晴天吗？"老人摇摇头表示不知道，旅行者接着问："那么一定会是阴雨天。"老人依然摇头，旅行者感觉到有些奇怪："您既然不知道明天的天气，又怎么会知道明天会是你所喜欢的天气？"老人微笑着回答说："早在很久以前，我就知道了自己根本没有办法决定天气的转变，也无法控制会出现什么样的天气，所以无论天气怎样，我最终都会很喜欢。"

当遭遇挫折时，我们习惯于抱怨，习惯于指责，然而对于这些不顺利的境况，抱怨和指责究竟能起到什么作用呢？它们不能带来改变，甚至无法换来同情。正如世界首富比尔·盖茨所说："生活是不公平的，你要去适应它。"生活中处处都有不公正的事情发生，每个人都希望能够快速地做出改变，给自己创造一个更加美好的生存环境，但这多半都行不通，或者说只是一厢情愿而已，最终的结局只是让你更加痛苦地挣扎在现有的环境中。

人人都想要像贝多芬那样掐住命运的咽喉，但是生活中总是会存在一些不可更改的事实。人们需要充分发挥自己的主观能动性，需要发挥出自身的创造性，但是我们更要懂得尊重客观事实，当事情毫无改变的可能时，我们何不欣然地接受呢？因为在这种情况下，任你如何发挥能动性，也无法做出有效的改变，只是徒劳地浪费时间和精力而已。

俄国大诗人普希金有一首著名的诗歌叫作《假如生活欺骗了你》，在诗中，他这样劝说世人："假如生活欺骗了你，不要忧郁，不要愤慨；不顺心时暂且忍耐。相信吧，快乐的日子将会到来。"生活中总是有许多不顺心的事情，最明智的做法就是先努力去适应它们的存在，因为这是无法排挤和抹杀掉的事实，唯有暂时适应环境，才能在生活中寻找到更多改变的机会。

Class 9

锻造屡败屡战的魄力，战胜挫折情绪

人们都害怕遭遇挫折，殊不知，挫折更害怕那些积极而有魄力的人。生活态度积极的人，内心必定充满活力，即使是突然下起的暴雨，他也认为是上天赐予的甘霖。再大的困难他都不以为意，因为事情再麻烦，他也会笑着说“没关系，小事一件”。面对挫折，他懂得感恩，并把不满化作前进的动力，这样的人不会有人生低谷，他会永远屹立在生活的最高峰。

1. 挫折本来就是“家常便饭”

漫漫人生路，总是苦乐相掺、悲喜相伴，而挫折坎坷又往往比平坦之路更多。每个人的一生都会伴随着或大或小的挫折，无论血统高贵还是出身豪门，谁都无法避免遭遇挫折。

挫折会给人的身体和心灵造成一定的打击，甚至会给人带来无尽的痛苦，然而挫折又是一种挑战和考验，正如英国哲学家培根所说：“超越自然的奇迹多是在对逆境的征服中出现的。”这关键就在于我们应该如何去面对挫折。以积极的心态去面对挫折，挫折便会产生积极的意义，它可以帮助人们驱走惰性，使人奋进。

贝多芬是伟大的音乐家，他创作出了许多脍炙人口的作品，而这种成就的获得却并非一帆风顺，而是充满了艰辛。但是正是由于贝多芬笑对种种苦难，才最终成就了自己辉煌的人生。

贝多芬的父亲是一位宫廷男高音歌手，在他的教导下，贝多芬从 4 岁起就学习弹钢琴，并对长笛、小提琴、中提琴等进行了广泛了解。17 岁时，母亲去世，父亲终日饮酒，于是家庭的重担落到了贝多芬的肩上。后来，他到各地学习知识，接受系统的音乐教育，使自己的事业逐渐发展起来。

然而不幸和打击却意外地接踵而来。27 岁那年，贝多芬患了耳聋症，并且病情日益恶化，这严重威胁到贝多芬的音乐生命。到了中年，贝多芬的耳朵已完全丧失了基本的听力，但是，耳聋之后，他立下誓言：“我将扼住命运的咽喉，它绝不能使我完全屈服。”

正是这种坚如磐石、堪泣鬼神的意志，使他登上了艺术殿堂的高阶。在漫长的时间里，贝多芬没有放弃自己的音乐理想，他不停地耕耘，先后创作出《月光奏鸣曲》《第二交响乐》《克莱策奏鸣曲》《第三交响乐》《曙光奏鸣曲》《热情奏鸣曲》等作品，赢得了自己“交响乐之王”的称号。

“天才是百分之一的灵感加百分之九十九的汗水。”这是爱迪生留给我们的颇有见地的名言。想要获得自己期望的幸福、成功、快乐，我们必须付出努力，特别是在遭遇挫折时，更不能轻易放弃。

世事常变易，人生多艰辛，我们对生活的发展要有一个清醒的认识，不可奢望一劳永逸的结果。古往今来，凡是拥有大志、成就大事的人，都饱经磨难、备尝艰辛。

既然苦难和挑战不可避免，我们就要学会不在逆境中沉沦，奋起抗争。遭遇挫折的时候，应该懂得从如下两个方面努力：

1. 在挫折中磨砺自己

生活中的挫折和磨难，并不都是坏事。平静、安逸、舒适的生活，使人安于现状，贪于享乐。接受挫折和磨难的考验，才使人变得坚强起来。痛苦和磨难扩大我们对生活的认识范围和认识深度，使自己更加成熟。帮助我们认识人事关系的复杂性，通过总结经验，改进自己，使我们在调整和处理人际关系上学到更多的东西。

成就事业的过程往往也就是战胜挫折的过程。强者之所以为强者，在于他们遇到挫折时没有消沉和软弱，而是善于克服自己的消沉和软弱。挫折的积极作用，就是激发人的进取心，磨炼人的性格和意志，增强人的创造力和智慧。使人所面临的问题能更清醒、更深刻，从而增长知识和才干。

2. 快速突出重围

身陷逆境的时候要善于寻找逆境出现的原因，以及解决问题的方法和途径。无论是主观上的过错，还是客观条件的改变，都会给我们带来麻烦，然而重要的问题是主动解决问题，这样就能避免过分抱怨，从而获得突破。

拿破仑曾说过这样一句话：“最困难之时，就是离成功不远之日。”成功必定是要经过反复磨炼的，所以我们应该好好珍惜。遇到挫折，我们只有相信自己，才会有勇气去迎接挑战，才不会在困难和挫折面前打退堂鼓。学会面对挫折，也是生命的一种馈赠，因为人们真正的奋起，往往始于挫折之后。

2. 提高“抗挫折力”，获得“逆境情商”

人们所经历的每一次不幸并非都是灾难，早年的逆境对于人生来说通常是一种幸运。与困难做斗争不仅将我们稚嫩的心灵磨炼得更加坚强，也为我们日后迎接更为激烈的竞争积累了丰富的经验。正如一位哲人所说：“在最黑暗的土地上生长着最娇艳的花朵，那些最伟岸挺拔的树总是在最陡峭的岩石中扎根，昂首向天。”

人生中不如意的事情是经常发生的，但是面对不如意的反应却各有不同。从来没有受过挫折的人，稍有不如意就会产生激烈的情绪反应，而那些经受过严重挫折打击的人，对小挫折就不在意了。

心理学上有个名词：抗挫折力，也就是一个人对挫折的承受能力。抗挫折力的大小，同人的经历有关，也同人的意识、意志有关。一个能够正确对待挫折、意志比较坚强的人，在同样的不如意面前，他的情绪波动相对就比较少，挫折耐力则相对比较高。

哈佛大学的医学家对 65 ~ 75 岁老人进行的一项调查表明：心力强盛的人比心力交瘁的人平均多活 4.8 岁。所谓“心力强”，主要表现在三个方面：一是为完成某项事业而活，即使已老却仍忘年地工作，不知疲倦，总觉得自己年轻；二是为完成某种责任而活，或为后代求学，或为老伴有依靠等，总觉得自己应该努力地去工作，积攒财富，干什么都觉得有滋味；三是以平静的心态对待疾病，或曰“心理抗争力”强，这种人病后容易康复。这最后一条“心理抗争力”强，其实就是抗挫折力。

显然，一个人抗挫折的能力越强，那么他的心理素质就越好，其成功的几率也就越大。这样的人，是高情商的人。为此，有专家提出了一个“逆境情商”的概念（AQ），用以测试人们将不利局面转化为有利条件的能力。

让我们来看一个“逆境情商”高的实例：

山里住着一位以砍柴为生的樵夫，在他辛苦建造下，终于完成了一间可以遮风挡雨的房子。

有一天，他挑着砍好的木柴到城里交货，黄昏回家时，却发现他的房子起火了。左邻右舍都前来帮忙救火，但是因为傍晚的风势过大，没有办法将火扑灭，一群人只能静待一旁，眼睁睁地看着炽烈的火焰吞噬了整栋小屋。

当大火终于灭了的时候，只见这位樵夫手里拿了一根棍子，跑进倒塌的屋里不断地翻找着。围观的邻人以为他在翻找藏在屋里的珍贵宝物，所以都好奇地在一旁注视着他的举动。

过了半晌，樵夫终于兴奋地叫着：“我找到了！我找到了！”邻人纷纷上前一探究竟，才发现樵夫手里捧着的是一柄斧头，根本不是什么值钱的宝物。

只见樵夫兴奋地将木棍嵌进斧里，充满自信地说：“只要有这柄斧头，我就可以再建造一个更坚固耐用的家了。”

在上面的故事中，这个樵夫抗挫折的能力是那么强，面对灾难根本没有丝毫的苦涩。这样的人，再大的灾难对他来说只是奋进的动力，而不是一蹶不振的理由。在这些人身上，你根本看不到失败的情绪，只能听到战斗的呐喊声。

那么，我们应该怎样提高自己的“逆境情商”呢？概括起来，应对逆境的能力可以分解为四个关键因素，即控制、归属、延伸和忍耐。

1. 控制就是认清自己改变局面的能力；

2. 归属是指承担后果的能力；

3. 延伸是对问题大小及其对工作生活其他方面影响的评估；

4. 忍耐是指认识到问题的持久性，以及它对你的影响会持续多长时间。

要调整好这四个关键因素，就要对每个问题都进行这样的思考：这个问题导致的今后两天必然发生的结果是什么？对于这些必然结果，你最有可能

6. 坚持到底，永不言弃

成功者与失败者作为一个“人”并没有多大的区别，只不过是失败者走了九十九步，而成功者走了一百步。失败者跌倒的次数比成功者多一次，成功者站起来的次数比失败者多一次。

当你走了一千步时，也有可能遭到失败，但成功却往往躲在拐角处。有些人之所以成功，正是因为坚持走完了最后这一步。屡败屡战的美国前总统林肯，就是这样一个不服输的人。

1832 年，林肯失业了，这显然使他很伤心，但他下定决心要当政治家，当州议员。然而糟糕的是，他竞选失败了。在一年里连遭两次打击，这对他来说无疑是非常痛苦的。

接着，林肯着手自己开办企业，可一年不到，这家企业又倒闭了。在以后的 17 年间，他不得不为偿还企业倒闭时所欠的债务而四处奔波，历尽磨难。

然而不久以后，林肯决定再次参加州议员竞选，这一次他成功了。他内心萌发了一丝希望，认为自己的生活有了转机：“也许我能够更成功！”

1835 年，他订婚了，但离结婚还差几个月的时候，未婚妻不幸去世。这精神上的打击实在太大了，他心力交瘁，数月卧床不起。1836 年，他得了神经衰弱症。

1838 年，林肯觉得身体状况良好，于是决定复出竞选州议会议长，可他却失败了。1843 年，他又参加竞选美国国会议员，这次仍然没有成功。

林肯虽然一次次地尝试，但却也一次次地遭遇失败：企业倒闭、未婚妻去世、竞选败北。可林肯有着执着的性格，他没有放弃，他也没有说：“要是失败会怎样？”1846 年，他又一次参加竞选国会议员，最后终于当选。

两年任期很快过去了，他决定要争取连任。他认为自己作为国会议员的表现是出色的，相信选民会继续支持他。但结果很遗憾，他落选了。因为这次竞选他赔了一大笔钱。

林肯申请当本州的土地官员，但州政府把他的申请退了回来。接连又是数次失败，1854 年，他竞选参议员，结果失败；两年后他竞选美国副总统提名，结果被对手击败；又过了两年，他再一次竞选参议员，还是失败了。

林肯尝试了 11 次，可只成功了两次，但他一直没有放弃自己的追求，他一直在做自己生活的主宰。1860 年，他终于当选为美国总统。

林肯实现梦想最重要的方法便是永不放弃，坚持到底。他的经历告诉我们，唯有经得起风雨考验的人，才能成为最后的胜利者。想做出一番事业，就要不到最后关头决不因挫折而伤感自弃。

一个人克服一点困难也许并不难，难的是能够持之以恒地坚持下去。因此，任何人想干成一件大事，首先要经受心理的极限挑战。

很多失败的人之所以不成功，是因为他们无法克服遭遇挫折带来的失败体验，这种感受折磨着他们的身心，直到他们倒下去，彻底绝望为止。所以，成功的要义首先是战胜挫折情绪。

生命不过匆匆几十载，活着就要有活着的意义，即使我们通过努力也达不到我们的梦想，那么永不言弃也是一种成功。在现实生活中，往往有许多人对失败定论得太早，遇到一点点挫折就对自己的工作产生了怀疑，于是半途而废，致使前面的努力全部白费，功亏一篑。唯有经得起风雨考验不动摇的人才是最后的胜利者。

7. 不为失败找借口，只为成功找方法

生活中，有很多人遇到问题就想着找借口：迟到了是因为路上堵车而不是因为起床晚了；成绩差是因为题量太大而不是因为练习太少；竞争失败是因为对手太强而不是因为自己太差……这些人总是习惯使用诸如此类的借口来搪塞自己，久而久之，人生就会形成这样一种局面：只努力寻找借口来掩饰自己的过失，推卸自己本应承担的责任。

美国西点军校一直以来奉行的一条行为准则是“不要找借口”。在西点军校中，每一个人都被要求恪尽职守，他们所要做的就是接受并完成每一次的任务，而且无论遭遇到什么样的环境，都不能为此找借口。西点一直都为学员强化这样一个概念：每一个人，尤其是军人，都应该努力想办法完成任何一项任务，而不是为那些没能完成的任务寻找诸多借口，哪怕是那些看似非常合理的借口。

美国著名的格兰特将军因为打赢了内战，从而成为家喻户晓的大人物，后来他还当选了美国的总统。但是谁也不知道这样一个成功的人，曾经是个终日酗酒、自暴自弃的失败者。从原来那个每天把自己灌得烂醉如泥的酒鬼，到执掌国家权力的美国总统，格兰特的人生轨迹总是让人感到好奇。所以，再次回到自己的母校西点军校时，他受到了学生们的热烈欢迎。

有一个大胆的学生恭敬地问格兰特：“总统先生，请问西点军校授予您什么样的精神，使您义无反顾地要勇往直前？”

格兰特笑着回答说：“没有任何借口。”

如此洪亮而坚决的声音赢得了学生们的一致称赞，大家纷纷鼓掌。这

时，那个大胆的学生接着发问："假如您在战争中打了败仗，您必须为自己的失败找一个借口时，您会怎么做？"

这是一个刁钻的问题，因为总统的一言一行都会被媒体放大，同时也影响着这里的每一个学生。只见格兰特快速地做出应答："我唯一的借口就是没有任何借口。"

每个人都渴望成功，但只有那些真正发挥出自身能力的人才能获得成功。通往成功的道路向来都不会是一帆风顺的，那些追求成功的人时常会受到风浪和暴雨的侵袭，是主动应对还是寻找退缩的借口？很多人选择了后者，因此他们失败了。他们不知道，借口不仅仅是一种错误的态度，更是一种扭曲的理念。一遇到困难便想找借口，这是一个人心理不健全的外在表现，这样的人又怎么能与成功联系到一块儿呢！

如今，奥运会在哪个国家举办不单单是一个体育活动的问题，同时也成了经济发展的良机。但是，在很多年前，没有哪个国家愿意举办奥运会，原因是害怕赔钱。所以，那个时候几乎所有国家都会寻找各种各样的借口来阻止奥运会在自己境内举办。直到 1984 年，洛杉矶奥运会成了一个转折点。这次奥运会中，美国政府非但没有赔钱，反而盈利了几亿美元，可谓是创造了奇迹，改变了历史。成就这次奥运会的关键人物，是一个名为尤伯罗斯的商人。

尤伯罗斯敏锐地察觉到全世界人民对奥运会的热情，于是将企业与社会的关系做了宏观思考，最终得出了一个大胆的结论——将奥运会的实况转播权进行拍卖。他预测，这种拍卖方式必定会引起电视台之间的竞争，价钱也会不断飙升。果然不出所料，仅仅转播权拍卖一项，他就筹集了几亿美元的资金。

美国洛杉矶奥运会十分成功，尤伯罗斯也因此名声大振。回首往事，他曾感慨地说："世界上的事，只要想办法就会有突破点，不畏艰难总归会有解决办法的。"

有了问题，不去想如何逃避，而是把心态摆正，努力去解决问题，才是真正的成功之道。人生不需要借口，需要的只是方法。失败也好，犯错也罢，只要勇于面对，勇于改正，人生就会变得越来越好。

比尔·盖茨曾说过："一个出色的员工应该懂得如何开动脑筋，找到令客户满意的办法，而不是可怜兮兮用一大堆借口来搪塞。"在困难面前积极找办法的态度会激发人类的潜在智慧。反之，在困难面前退缩的行为就注定了失败的结局。因此，一个人在遇到挫折、困难的时候，不要想着用何种理由来进行推脱，而是要开动脑筋，相信天无绝人之路。

8. 战胜恐惧心理，你就是强者

恐惧是人类的一种自主性反应，它作为一种原始记忆早已烙刻在人类的神经系统上。惊恐所适应的环境是人类漫长而又危险的史前时期，它会提醒人们哪里有关乎生死存亡的危险存在，时刻提醒人们提高警惕，保护好自己。它让我们不会走到行驶的汽车面前，而且可以触发我们“或战、或逃”的反应，避免陷入险恶的境地中。

但是，包括惊恐在内的所有人类原始情绪的进化速度是非常缓慢的，虽然我们的这些情绪曾经准确无误地指导着人类的前进，可是却并没有跟上时代发展的步伐。当我们的时代对一些情绪不再那么需要时，它们仍旧占据着我们的神经、左右着我们的生活，却已经变成了负面的力量阻碍了我们的判断。

我们对每天遭遇事物的评估及其反应，不仅仅取决于我们的理性判断与个体经验，还来自于悠远祖先的回声，这就难免会导致恐惧心理的产生。作为独立的个人，我们必须要意识到的是：恐惧会让我们停下探索的脚步，更会让我们身陷险境之中。

尼里是一家铁路公司的调车人员，平日里他工作认真，做事也总是尽职尽责，但是，他有一个最大的缺点：总是对人生过度悲观，经常以否定的眼光来看待这个世界。

有一天，铁路公司的职员们都赶着去庆贺老板的生日，都提早急急忙忙走掉了，但不巧的是，尼里竟然不小心被关在了一辆火车的冰柜里面。

尼里在冰柜里拼命地叫喊着、敲打着，但是，全公司的人早已走光了，根本没有人听到他的呼喊声，他的手掌敲得红肿，喉咙也变得沙哑了起来，但是却根本不会有人回应他。当尼里意识到这一点之后，他只能绝望地坐在地上大口地喘息。

他越想越感觉可怕，平日里，火车冰柜的温度持续在20摄氏度以下，若自己不能及时出去的话，一定会被冻死的！当他感觉到自己的体温不断下降时，他慢慢绝望了，并使用发抖的双手，怀抱着自己的肩膀，在黑暗中哭泣着、颤抖着。

第二天早上，公司职员们陆续来上班了，当他们打开冰柜时，惊讶地发现尼里竟然在里面蜷缩成了一团，身体坚硬得怎么也无法掰开。人们急忙将可怜的尼里送去医院急救，但是他早已没有了任何的生命迹象。

所有人都非常惊讶：在火车停止行驶以后，由于需要检修，冰柜的冷冻开关早已全面关闭了，这间巨大的冰柜中也有充足的氧气，而尼里竟然被活活“冻”死了！

尼里并非死于冰柜的温度，而是死于自己内心的冰点：他根本不相信这趟轻易不会停冻的冰柜车会不制冷，但是，那一天，恰巧因为需要维修，而没有将制冷系统启动。

毕业于哈佛大学的美国第32任总统富兰克林·罗斯福曾经说过：“我们唯一需要害怕的，就是恐惧本身。”而他的妻子埃莉诺也同样认为恐惧是人类最大的弱点，她则将注意力放在了更注重实际的挑战上：“每天做一件让自己感觉到害怕的事。”其实，很多情况下，恐惧仅仅会在弱者身上产生作用。因为对自己不抱信心，不敢相信自己有战胜恐惧的希望，从而让对未知事物的恐惧变成了严重的问题。

恐惧是一种人类弱点，很难避免。对黑暗的恐惧、对未知未来的恐惧、对人际关系的恐惧……强者之所以能够做到不恐惧，也只是因为他们可以克服恐惧带来的种种负面影响而已，而不是意味着他们无所畏惧。过分地计较恐惧会使你的情况变得更加糟糕，正确地意识到恐惧的正常性，你才有机会、有勇气去面对它。

哈佛大学有这样一句励志名言：不要因为恐惧而犹豫，前进有时候是消除恐惧的最好方法。哈佛博士杨杰力曾在哈佛肯尼迪学院的演讲中提及战胜恐惧的唯一方法：无所畏惧地活着，是让自己远离畏惧的唯一途径。学会去正视、去清除我们的恐惧吧，唯有如此，我们才能在生命的乐园中获得自己所需要的东西。

Class 10
转移注意力，快速摆脱负情绪

没有人愿意整天愁眉苦脸，谁都希望每天开心快乐，但是人生总是会碰到烦心的事，而且烦恼似乎永远要比快乐来得更加频繁一些。当头脑中的不良情绪趁势来袭，我们该如何去抵制和拒绝呢？不妨改变一下环境，转移当前的注意力，想一些会让自己快乐的事。我们自己才是情绪的主宰，只要心态足够乐观健康，负情绪就会消失得无影无踪，只要心里有阳光，好心情就会常伴你的左右。

1. 累了就先放下手头的工作

人类本能的心理需求之一就是希望通过劳动实现自我价值，不断地接受适度的挑战来给自己成就感。但是把自己像皮筋一样绷紧并不能取得好成绩，而只会让你越来越疲惫。身心疲惫的时候，不妨暂时放下工作，给自己一个休息的时间和空间，积蓄能量。

有这样一个奇怪的事情：浩瀚无垠的大西洋海面上空，出现了一个庞大的鸟群。数以万计的海鸟在天空中啾啾地盘旋，并不断发出震耳欲聋的鸣叫。更令人惊诧的是，许多鸟在耗尽了全部体力以后，义无反顾地投入茫茫大海，海面上不断激起阵阵水花……

原来，这些海鸟葬身的地方，很久以前曾经是一个小岛，对于来自世界各地的候鸟们来说，这个小岛是它们迁徙途中的一个落脚点，一个在浩瀚大海中不可缺少的“安全岛”，一个在它们极度疲倦的时候可以栖息的地方。

然而，在一次地震中，这个无名小岛沉入大海，永远地消失了。迁徙途中的候鸟们仍然一如既往地飞到这里，希望稍作休息，摆脱长途跋涉后的疲惫，积蓄力量开始新的征途。

但是，在茫茫的大海上，它们却再也无法找到寄予厚望的那个小岛了。早已精疲力竭的鸟儿们只能无奈地在曾经的“安全岛”上空盘旋鸣叫，盼望着奇迹的出现。当它们终于失望的时候，全身最后的一点力气已经消耗殆尽，只能将自己的身躯化为汪洋大海中的点点白浪。

和这些鸟一样，在紧张忙碌的生活中，每个人都会有身心疲惫的时候，每个人都需要一个栖息的地方。但不要像那些海鸟一样，等到筋疲力尽的时候，面对已经沉没的“岛屿”，只能无助地将自己的生命断送在无底的深海。

看看现在的人们，下班越来越晚，心里的压力越来越大，无休止地加班，身体偶尔会有一些不适，心情无缘无故地烦躁……这些都在告诫累了的人们应该休息了。夜深人静的时候，也许你在想明天要请个假，好好在家休息一天，但是天亮以后，新的任务又催促自己赶紧上阵，于是又开始了一个新的循环。

一次又一次的循环让已经疲惫不堪的人们周而复始地运作，机器都会出现故障，何况是血肉之躯的人呢？

累了就让自己休息，过度勉强自己超负荷地工作，并不会让工作效率有所提高，疲惫的心灵和身体会变成拽着你原地踏步的元凶。你工作不好、生活不好，然后身体健康就开始亮起了红灯，一切都变成了你恐惧的周而复始。

面对问题，要解决它，就要找到根源。到底是什么原因让我们疲于奔命呢？

1. 不要过分追求完美

追求完美无可厚非，但是过分追求完美就会让你处于紧张的状态难以自拔，任何一点小瑕疵就过度自责。人生本来就不是完美的，有一些缺陷也是正常的，如果一直执着于完美，无疑是给自己套上枷锁，举步维艰。

2. 强迫自己从事情中抽身离开

很多时候不是不想放下工作，当工作成为一种惯性的时候，要放下谈何容易呢？这个时候不如强迫自己出去走走，吃顿丰盛的饭。从这个事情和情绪中抽离出来，享受一下不一样的东西，或许你的思路就开阔了，问题也会很容易就解决。

3. 放下得失心

很多人总是希望自己可以得到更多的东西，从而忽略了身体和情绪已经超重。眼光要长远，不要因为眼前的一些小得失而让自己的生活受到严重影响，那不就是捡了芝麻，丢了西瓜吗！

人不可能像一部机器一样长时间处于工作状态，时间长了，你没有了好的思维，也就没有了好的心情，一点小事就会让你烦躁不已。接下来又是坏心情，然后又烦躁不已。你的心情就陷入了一个恶性循环之中。这个时候只有放松休息，才能保证你的身体和思维一直充满新鲜的养料。就算是机器也需要适当地停下来保养一下，何况是人呢？累了就不要硬撑，休息之后才能有更好的效率。

2. 想想那些不如自己的人

林肯曾说："大部分的人在决心要变得幸福的时候，就会有那种幸福的感觉。"这个世界上能让我们感到幸福的东西太多了，但是很多人总是在抱怨。如果能多想想那些不如你的人，学会比较，了解到自己比上不足、比下有余，就会感到幸福。

苏菲亚女士所在的公司一直不景气，最近为了节省开支，老板无奈把一批职员解雇了，苏菲亚也在其中。因为一直找不到合适的工作，苏菲亚变得越来越失意。女儿为了让她不那么难过，就介绍她到自己的公司做文员。苏菲亚听了非常生气，她说，自己以前怎么也是一个主管，怎么能去做小职员呢。

从那以后，苏菲亚越来越消沉了，她觉得自己再也不是以前那个自信的人了。从前爱漂亮的她现在每天就穿着拖鞋和睡衣出去买菜。以前喜欢和邻居聊天，现在却总是闷在屋子里看电视。

一天，她来到菜市场，发现这里多了一家卖饼的小摊。老板娘打扮得十分整洁，甚至还用一些精美的饰品把小摊点缀得很有品位。老板娘是个能聊的人，这个时候又没有什么人，就和苏菲亚攀谈起来。

了解了苏菲亚的事以后，老板娘说："其实有什么呢？你看我，我以前就是一个工厂的主任，但是工厂倒闭了，我不得不卖起了烧饼。"

"你不觉得自己很惨吗？"苏菲亚问道。老板娘哈哈大笑起来，说："有什么惨的，很多人饭都吃不饱，我现在这样算是好的了。"

苏菲亚忽然觉得老板娘说得对，自己并不是最惨的，突然她有了一种重新上班的冲动。于是，她马上回家，找出最漂亮的衣服，到女儿的公司应聘了。

其实，在我们身边不如我们幸福的人到处都是，无论我们有多么失意，也不可能是这个世界上最不幸的人。就像上文中的老板娘一样，失意的时候就想想：“我现在这样已经很不错了，还有很多不如我的人，我该知足了。”这个世界不能满足我们所有的需求，所以只要尽力就好，力不能及的就由它去吧！如果对生活充满了抱怨，那是因为我们不知道更坏的情况是什么样子的。

幸福的人不会拿自己没有的东西去比较别人拥有的东西。恰恰相反，他们往往懂得满足。当人们谈恋爱埋怨对方长相不好的时候，想想有的人却在失恋；当人们因生活太平淡而对富人十分羡慕的时候，想想有些人却因为没有食物而忍饥挨饿；当人们觉得自己收入没有别人高的时候，想想有些人却在为失业而奔波；当人们赤脚没鞋穿的时候，想想双足伤残的人的出路。

其实，人们的艰辛在别人眼里已是幸福。每次抱怨生活的时候就问问自己：“世界上也许有一半以上的人都是不如意的，但是大家还是照常地生活，为什么我不能呢？”学会了正确地比较，才能在比较中满足自己的幸福。

比较让人感受到幸福，但是不恰当的比较也会让自己徒生悲伤。所以，正确地比较是很重要的。

1. 看问题要全面

当你只看到别人取得成功而生出嫉妒心理的时候，是不是应该想想别人在成功之前付出了多少，有多少的苦难和艰辛让他们流泪？当你看到成功的全过程时，也许就不会心理不平衡了。

2. 永远不要拿自己的不幸和别人的幸福比较

每个人都有属于自己的个性和魅力，如果一味地羡慕别人的幸福，而忽略自己的优势，在你眼里你永远都是一个残疾人，总是有某些缺陷会让你一直介怀，一直不快乐。

3. 换个角度看世界

世界上的人不都是幸福的，有很多人并不富有，甚至遭受疾病的困扰，

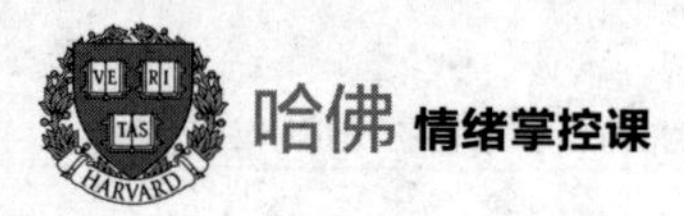

但是他们还是认为自己是幸福的，因为他们或许有不离不弃的亲人，或许有知足常乐的心态。站在阴影下自然看不到阳光。

人总是在得到一的时候想着二，得到二的时候想着三，需求总是无休无止地增加。如果我们学会多想想那些不如我们的人，而不是总用别人的幸福来衬托自己的不幸，那么幸福就已经来到你的身边了。

3. “装”出你的好心情

英国诗人艾略特说过：“行为可以改变人生，正如人生应该决定行为一样。”一个人如果总是想象自己进入某种情境，感受某种情绪，那么这种情绪就会不知不觉地来到你身边。所以，当我们烦恼不已的时候，“装”出一份好心情，用微笑和积极来鼓励自己，这会是战胜烦恼非常好的一个方法。

珍妮今年才24岁，但是她整天眉头紧锁，声音低沉，萎靡不振，在她脸上看不出属于年轻人的青春活力。这种状态维持了好久，这天，珍妮和一位在公司大厦做保安的大叔一起乘坐电梯，大叔看了珍妮几眼说：“姑娘，你怎么总是愁眉苦脸的，是有什么不顺心的事吗？”

珍妮敷衍地说：“没什么，心情不好而已。”

大叔哈哈大笑起来，说：“我以为是什么大问题，我来教你一个办法，保证你以后心情很好。以后不管你遇到什么难事，你都告诉自己，很开心啊！然后大笑三声。”珍妮将信将疑地看着大叔。

珍妮下班回家，想要好好休息一下，谁知道她的小侄子把自己的房间弄得乱七八糟，甚至弄洒了她最喜欢的香水，她刚要发火就想起电梯里大叔教她的办法，于是她大声地对自己说：“很开心啊，哈哈哈！”刚开始的时候珍妮觉得很奇怪，自己就像个神经病。但是这么一弄，自己也没那么生气了，反而觉得舒服了点。从那以后，只要有什么不开心的事，她就会大笑三声。后来她终于明白了，一个人的好心情取决于最初的情绪选择。哪怕心情不好的时候假装一下好心情，也会弄假成真，与好心情结缘。

人生不可能是永远快乐的，但是请不要陷入忧伤，学着放飞自己的心情。装出来的心情就像是具有魔法的如意，只要你告诉它：“我要好心情！”如意就一定会如你的愿。

装出好心情不是要你自欺欺人，而是要你学会控制自己的情绪。有时候我们的情绪就像一个茶杯，在它装满了坏情绪的时候，好心情自然就不能再进入这个茶杯。而装出好心情就是把好心情倒进茶杯，占据情绪的茶杯，让坏情绪不能再进入茶杯之中。就像我们常常逗眼泪汪汪的孩子说：“笑一笑呀”，结果孩子勉强地笑了笑之后，跟着就真的开心起来了。

相术上说，一个人乌云盖顶，印堂发黑，其实就是根据你情绪的好坏推断出来的。所以好的情绪不仅让人拥有好心情，还能让人拥有好运气。想要装出好心情，就要懂得如何释放自己，放飞自己的心情。

当你失败时，对自己说：“不要灰心，我还有机会！”当你失去心爱的东西时，对自己说：“不在乎天长地久，只在乎曾经拥有。”当你心情低落时，对自己说：“别伤心，别难过，周围还有许多关心我的人，至少有他们与我携手。”也许有人说这不就是在欺骗自己吗？人生中不如意的事情太多了，如果这种充满正能量的欺骗可以帮我们尽快走出悲伤，那么偶尔欺骗一下自己也无所谓了。

好心情要我们费一些工夫去经营，那么我们应该怎样“装”出好心情呢？也许下面一些提示会让你恍然大悟。

1. 让自己忙起来，不让坏心情有地方生长

想到心情不好心情就会不好，那就不用想它。如果还是想，那就让自己忙起来，没有空闲去想它，让自己充实地过好每一分钟。譬如，早晨醒了以后不要恋床，推开窗，呼吸清晨的新鲜空气，放松全身，把自己想象成一个快乐的小天使……

2. 总是看到更多快乐的人

当你看到那么多快乐的人，为什么不能和他们一样快乐呢？快乐可以互相传染、分享，只要你愿意去发掘。

3. 给自己一片净土

闭上眼睛，想象一些恬静美好的景物，如蓝色的海水、金黄色的沙滩、朵朵白云、高山流水等。

一个人，只要还有乐观的向往，还有一份放飞的好心情，就会变成巨人，没有什么能击倒他。而拥有一份好心情需要你学会装出“好心情”。“装出”的好心情总是陪伴你一直站在风中，永远微笑面对，直到你真正拥有一份好心情。

4. 少关注消极事物，克服惯性负面思维

当上司因为你的工作而赞赏你时，你会不会认为："他这样做只是为了让我工作更努力，其实，他并不满意我的工作表现。"

当你病愈上班以后，同事对你表示问候，你却认为："他们问的都是他们早就知道的事情，他们并不真的关心我。我猜，他们这样做只是想要表现自己有多么善良。"

你对自己的工作进行可行性汇报，你知道，报告中有一两处是薄弱的环节。当你获得了来自于管理层的积极认可时，你开始想象："我又一次欺骗了他们，很显然，他们并没有认真地阅读。看来，没有人对我的工作感兴趣。"

……

类似的场景是否会出现在你的生活中？但是，如果你不纵容自己沉溺于这种消极的想法之中，而是去大胆地征求对方的意见的话，事情会不会有所改变？

现实生活中，便有人在"工作汇报"一事上这样做了，与他意料相反的是，他的上司说："我们知道你的报告中有些地方陈述不清，而且，那个部分在整体上都没有论述清楚。但是，不管怎样，你对其他问题提出的一些意见，为我们解决这个项目难题提供了一些新的见解。"

就这样，他获得了有关报告反响的一些积极证据，而不是单纯地依赖于自己的感觉。

为什么你会过分地关注于生活、情感与交流中的消极事物？你不信任他

人对你的积极态度，这只是你不相信事物的积极方面的一个表现。你将他人对你的接纳看成是消极的。与此同时，你还很有可能轻视自己的努力，同时过分地认为，自己的未来将会一团糟。

哈佛心理学家们认为，过分关注消极事物，往往源自于我们的防御系统。

从进化角度来说，我们对欺骗的防御系统可能会过分活跃，令我们对上当受骗的可能性异常敏感。并且，人对欺骗往往会产生两类恐惧：一方面，我们可能认为，他人使用鼓励性的语言欺骗我们；另一方面，我们会认为，若我们得到了表扬，我们便欺骗了他们。由于欺骗会给人造成心理威胁，因此，当我们处于情绪不佳状态时，会对欺骗愈加敏感。

事实上，我们可以向这些想法发出挑战，比如：即使人们受到了一定程度的欺骗，又有什么要紧的？对我有什么害处？我不应该要求人们一直是正直的。一般来说，当人们赞扬你而你却无动于衷时，你就应加以注意，并弄清楚为什么。

他们在欺骗你吗？还是你认为他们欺骗了你？你认为自己不值得赞扬吗？你是否对积极的事物缺乏足够的信任？若是这样，对你有什么样的好处吗？让自己深入地思考一下接受赞扬所带来的好处，而不要机械地忽略它。

处于负面的消极思绪时，我们不仅会不相信事物有积极的一面，而且更倾向于关注事物的消极方面，就如同戴着墨镜看世界一样。战胜这一习惯的一种方法就是坦率地告诉自己："我承认自己善于挑毛病，但我同样也可以发现事物好的方面——比如，自己或他人身上的优点。"

你应专门花费一些时间，去寻找你自己或他人身上积极的、有益的方面。此外，你还可以寻找其他的证据或是可能性，向"事情一无是处"这一观念提出质疑。做这一练习，不是让你仅看事物好的一面，以缩小真正的问题与困难，而是给你的思维带来平衡，使大脑中控制积极情感的区域也可以发挥功用。

在某种程度上，我们都需要对未来有所预测。我们需要对生活中面临的威胁、机遇以及前进道路上的障碍有所把握，以便决定是否为之付出努力。

我们为了达到目标付出多少的努力，在很大程度取决于我们对未来乐观或者悲观的态度。

当成功的概率微乎其微时，我们投入大量的精力是有百害而无一利的。然而，问题在于，当我们陷入负面情绪之中时，大脑往往会做出这样的论断：“做什么都没有用。”它甚至会通过各种途径一再地暗示我们“世道艰难”。你的负面想法又会告诉你：“投入的努力再大，也得不到回报，还是收手等待好的时机吧。”因此，想要摆脱惯性的负面思考，不仅要培养个人耐心，同时更要养成这样的思考习惯，即“我对未来过于悲观了”。

你需要认识到，个人感觉往往是环境造成的，但这并不意味着做什么都没有用。你可以尝试着将大的问题分解成小的问题，进而逐步达到目标。从某种程度上来说，这与登山有些类似：为了克服对高度的恐惧，你需要每次上一个台阶，同时，不要向上或者向下看。

有时候，我们需要学会适当的妥协。但是，如果你还没有尝试任何计划、更没足够的证据证明你什么都不能做，就放弃了努力，那只能表明你太焦虑了。认为做什么都徒劳无益，或认为事情太难，谁也帮不上忙，会使你放弃努力，变得更加消极。向这种想法挑战具有重要的意义。有时，成功的关键在于，尽管前景看起来不容乐观，但我们仍不放弃努力。

当你从远离关注消极事物开始努力时，你其实就已经走在了克服惯性负面思维的道路上。让自己从小的步骤开始，相信自己的努力，相信自己可以改变未来，你一样可以拥有积极的心态与情绪。

5. 避免成为他人负情绪的受害者

总经理在清早出门的时候，跟太太吵了一架，因此带着一些不悦的情绪到了公司。一看到副总，就随口找了件事把副总狠狠地教训了一番，副总敢怒不敢言，心里很不是滋味。

副总回到了自己的办公室，正巧看到了自己的助理在为自己整理文件，于是不分青红皂白地教训了她一番："这一大早的，干吗做这个啊！"这个助理是个女孩子，稀里糊涂地被批了一顿，但也难开反驳之口。

女助理回到了自己的办公区后，正巧男朋友打来了电话，于是她便把心中的怒气顺势向男朋友发泄了起来：你一直都不疼我，对我不关心，不会照顾我等等，把男友给骂了一番。

她的男友本来心情很愉悦地给女朋友打个电话问候一下，但是却莫名其妙地被训了一番，心里感觉压了一块石头，想扔无处扔，左右看了一下，无人，想发泄一下也无处找对象，此时，他往脚下一看正好猫咪蹲在那里，马上一脚飞过去："你这笨猫，哪里不好蹲，蹲到我的脚下来，滚开。"

这便是现实生活中情绪传染的"踢猫效应"：心理学证明，人的不满情绪与糟糕的心情往往会随着等级的高低与个人能力的强弱组成的社会关系链条进行依次的传递，从金字塔尖一直扩散到底层，而无处发泄的那个最小元素，则会成为这场情绪传染链条中的最终受害者。相对于强者而言，愤怒传递链条的最终承受者是受气最多的群体，多种渠道的怒气会进一步传递到他的面前来——除非之前有人有能力、有足够高的情商将此类负面情绪传染拦腰斩断。

人是情绪化动物，即使在平日的相处中某人表现得非常理性，这种理性也是相对而言的，即仅仅是当他情绪正常时才会有理性化的表现。而且，人在任何时候的决定都与情绪化有着直接的关联。在决定与做事的过程中，消极的负面情绪所产生的破坏作用非常明显。这便涉及到了情商领域的另一个问题：我们要如何去面对他人的负面情绪？

虽然从小到大，我们已经学会了很多转换自我情绪的方法，但是，在与那些负面情绪强烈或者突然爆发负面情绪的人打交道时，多数人还是很难做到完全不受其影响，特别是当自己身边交往密切的人怀着强烈的消极情绪来到你身边时，那种后天开发、训练出来的，可以迅速察觉自我、稳定自我、转移自我情绪的行为都会变得困难起来，但是，只要你肯加以练习，我们便能够在负面情绪风暴中，将伤害降至最低。

你或许也是“踢猫效应”在现实生活中传递的一个链条——想要阻止这个效应持续下去，你就必须要主动地从自己开始，不再指责与传染负面情绪，从而中止这一链条。其实，负面情绪就如同疾病，谁也不想生病，但负面情绪的到来往往与生病一样，多半是不受主体控制的。指责他人有负面情绪，就如同指责他人生病一样荒谬可笑。

不过，若你莫名其妙被他人伤害了，你当然会期望知道到底发生了什么。为了保护自己，你有可能会本能地去回击，但因此而引发的言语争执并不能改善双方的感受，也无法解决任何的问题，更谈不上修正对话时产生的误解。所以，你不仅没有保护好自己，还有可能伤害了他人。

其实，你很可能只是恰好出现在他人发泄负面能量的地点，而其言语、行为与你并无直接关系，可是，因为你们之间的关系，你却需要经常性、习惯性地去承担这类行为所产生的结果。

鉴于直接的回击会加深负面情绪对彼此的影响，你必须要学会换个方法。当一个身处负面情绪控制的人与你对话时，你应该牢记：他是在说他自己的感受，而不是你的。即使那些带有攻击性的指责或者嘲讽都是具有针对性的，你也要让自己试着去想：他正在表达愤怒而已。

你可以理解他的状况，但是，每一个人都应该为自己的感受负责。因此，请“观察”那个当下在自己体内的情绪，而不要受对方所说的话、所做的事的影响。说得形象一些，就是让那些带着负面情绪的语言落到地上，而不要伸手去接，更不要揣在自己的口袋中随身带着。

我们应该学会不去回应任何负面的东西，不去浪费时间争吵、反击甚至是解释，更不要试图去教育对方。若你在乎他，就让对方有机会去尽情地发泄，而在他发泄的这段时间里去观察自己的情绪。

这是一个有利于关系发展的决定，你要做的，只是默默地陪伴，试着让对方感受到你的爱心，你也可以说一些话，比如，“我能理解你的感受”“我很难过你会那样想”。在说这些话时，你应该让自己既不卷入对方的情绪，又可以带给对方有力的支撑。

有些人虽然负面情绪缠身，但是当你体谅他们时，他们会表现出感激，而且，他们会尽量不让局外人有“被拉下水”的感觉。但有些人却往往“一句话打倒一大片”，面对这种只想传染、扩大自我负面情绪的人，我们就要抱以警惕态度了。

这样的人在郁闷的时候，只想通过伤害他人来获得某种平衡，仿佛伤害了他人，他们自己的心理就能够得到安慰一般，而这种伤害多数情况下还是心理与精神上的。这种人不仅自己的生活一团糟，还会尽可能地让你认为，你的生活迟早也会一团糟。他们甚至会在你的生活中发生值得高兴的事情时，有意无意地暗示你：不要高兴得太早，说不定你哪天就会和我一样倒霉了！

在这种情况下，你能够做到的，只有远离——不管你们的关系远近，当对方的负面情绪强烈到你根本无力抵抗时，你首先要保护好自己，停止一切互动行为，而且要全身而退：在负面情绪全面爆发或者他只想以伤害你为目的时，任何的停留都是对自己的虐待，你此时所要做的，就是先保护自己不受负面情绪的传染。

6. 情绪不好时换件事情做

专注地想那些糟糕事，会陷入思维沉迷与情绪紊乱状态，如果你将注意力转移，对原来痛苦的体验便会被阻隔。情绪的帆船需要自己来为它掌舵，在遇到坏情绪的时候，转向另一个方面可以避免情绪触礁，保持好的心情。

一天，米尔顿的小儿子罗伯特生气地回到家，他重重地把门摔上，对爸爸抱怨道："杰克真是太讨厌了，总是喜欢和我唱反调！"米尔顿看着儿子说："哦，唱反调！听说了吗？最近流行唱反调，我想这种唱法不会流行太长时间。"

儿子奇怪地看着爸爸问："爸爸，你居然还关心乐坛流行，我就很喜欢听摇滚，不过杰克喜欢布兰妮，他总说我听的摇滚太吵了！"

米尔顿听儿子这么一说，就马上转身看着儿子说："亲爱的，你晚上会不会被吵醒？我这几天一直在看午夜的电视节目，希望不要打扰到你休息才好。"

罗伯特认真地想了想说："我确定没有，因为我都不知道你看的什么节目。我睡得很好，放心吧！对了，你都看什么呢？"这个时候罗伯特的注意力被爸爸看的节目吸引过去了，完全把和杰克吵架的事情忘记了，于是他们开始讨论什么节目有意思。

吃晚饭的时候，罗伯特假装生气地对爸爸说："你一直都在和我说别的事，我都忘了生杰克的气了。"

这个时候米尔顿笑着说："亲爱的，这不是很好吗？我们可以随时把坏情绪赶跑，不要让坏心情一直困扰着我们。"

这个聪明的爸爸很轻易地就帮助儿子把坏心情给转移走了。其实情绪只是很短暂的一个过程，但是如果我们总是把注意力放在它身上，那它会一直盘踞在我们心头，好心情自然不会出现了。用成本理论来计算的话，因为坏心情的盘踞已经让我们很不舒服了，好心情又不能来到，那不是损失更多吗？

当我们长时间把思维与注意力集中在给自己带来不良情绪的事情上时，消极因素就会不断累积，从而使我们钻入思维与情绪的牛角尖。如果此时能够想办法从不良情绪转移到其他事物、其他活动中去，让新的思维占据大脑，这种不良情绪就会减弱甚至消失。

转移注意力是一种非常有效的自我控制法，但是很多人并不真正理解要如何进行转移。其实转移注意力可以通过以下几个途径：

1. 把注意力转移到自己感兴趣的事情上去

例如散步、看电影、看电视、读书、打球、聊天，这些让人觉得轻松的事情可以在很大程度上转移你的注意力。它不仅有效地中止了不良刺激的作用，防止不良情绪蔓延，还能够通过参与新的活动特别是自己感兴趣的活动而达到增强积极情绪的目的。

2. 把注意力转移到这件事的另一个方面去，即换一个角度看同一件事

同样的一句话，在寻找讨厌的理由时，这句话就是坏话，没安好心；在寻找喜欢的理由时，这句话就是好话，肺腑之言。产生如此大差别的根源，就是你的注意力。所以，改变情绪最有效且最简单的一种方法就是改变我们对这件事的注意力。

3. 通过吟诗来转移注意力

据说在意大利的不少药店里，有的药盒里装的不是药，而是由心理学家及文学家共同设计选编的诗歌，患者通过大声吟诵就能缓解疼痛。

4. 数颜色也是一个不错的转移注意力办法

当你感到怒不可遏的时候，尽快停下手中的事情，独自找一个没有人的地方。首先，环顾四周的景物，然后在心里对自己说：那是一面白色的墙壁，那是一张浅黄色的桌子，那是一把深色的椅子，那是一个绿色的文件柜……一直数到 12，大约疏导 30 秒左右。通过这种办法，可以把你的注意力从坏情绪中解脱出来，以免你在坏情绪里越陷越深。

不要为拥挤的交通焦躁，尝试看看路边的大树、小草、行人，也许你会发现更多有趣的事情。沉浸在坏情绪中并不能让你更好地解决问题，而转移了注意力也许会给你更多的启发以及更开阔的视角去看待这个世界。

7. 尝试想象，让负面想法发生积极的改变

为了使自己受到更多人的喜爱，你认为自己必须要完美，不管是在工作还是生活中，处处以他人的需求为优先。这显然是不正确、扭曲的讯息。但你却信以为真，这导致你非常在意同事与朋友所说的每一句话、他们的每一种态度。

可是，不管是你还是其他任何人，都不可能达到完美的标准。因此，你认为自己是一个失败的人，感觉到消极、郁闷，身心也变得不健康。你完全没有兴趣去进行任何社交活动，更没有信心去运动——现在，你离外面的世界越来越远了。

假如你有种坏习惯：总是不断地重复着某种消极的想法，并假设这想法与生活中的事情并无关系，而仅仅是一种消极的念头，比如说“我好沮丧”或者“我讨厌我的工作”，或者“我真讨厌自己变胖了”，甚至是“我真的干不了这个”。被这样的思想占据了脑海时，你要怎样做，才能改变这种思维习惯呢?

我们的大脑每天都充斥着数千种的思想，这些思想中有很多都是消极的，或者说其本质上都是自我批判的。哈佛情绪心理学家约翰·辛德拉尔通过数据证实，成人思想中有40%都是消极的。按这一数据来算，如果我们的大脑每天会产生6万种想法的话，那么，平均有2万4千个想法都是消极或是自我批判的。这些想法可以源自于我们从广播或是新闻中听到的东西，也可以源自我们从报纸中读到的东西等。

经过心理学家们的努力，的确有很多方法可以打破负面思维模式，而其基本核心是用一种新模式来代替旧模式。从心底抗拒消极思想这样的做法常

常会适得其反——你只会将情况弄得更糟糕，消极的念头往往会更强烈。这源自于人类的大脑结构：你越是使用同样的办法去刺激那些神经元，原有的思维模式便会越稳固。

这里有种小方法可以用来破解消极思维模式：不要试图去抗拒消极思想模式，相反，你应让它改道——将其想象成一种心理能量，让消极的思想能量改道流向积极的思想。不管消极的思想何时出现，只需要在心理上建立起条件反射，你的思路便可以自动流向与此相关的积极思维。

1. 选择一种替代性的想法

现在，想一下有哪些更好的想法，并决定用哪种想法来替代那个消极的想法。

如果你一直在想："我真像一个傻瓜！"你可以用"我是个天才"来替代。选择一种新想法，只要它可以破除原有消极想法造成的负面影响就行。

2. 将积极的思想进一步图像化

现在，重复"图像化"的过程，使用积极的思想为自己建立起一个新的思维场景。仅拿"我是个天才"这样的想法来说，你可能会想象自己站在讲台上，台下坐着无数人正在聆听你的讲话。你也可以想象自己正在解决业内最困难的题目，身边不断有人告诉你："您真是一位人杰！"不断地演练这一场景，直到想起"我是个天才"这句话时，脑海中就会自动地浮现出这一场景为止。

3. 在心里将两幅图像进行关联

现在，在心里将已经想好的"消极思想图像化"与"积极思想图像化"进行关联。这种技巧常常用在诸如连锁记忆与定位记忆一类的记忆法里。你要做的，就是将第一个场景逐渐地演变成第二场景。

你可以假想自己是一位电影导演，现在已经有了开头与结局，因此必须要设计出中间的过程。不过，你的电影只有几秒钟的时间，因此，你要想个办法，让剧情能够尽快又有逻辑地快速发展。

比如，第一场景中的围观者之一可能会嘲笑那个愚蠢的你。看似如同小丑的你立即反问他，他却连你问的是什么都不知道。于是，他羞愧地缩了回去。你立即扯下自己那身可笑的衣服，踏上了离你不远、为你准备的讲台，并昂首挺胸、自信满满地开始向人群宣讲自己的理念。围观者听到你的高论，纷纷朝你顶礼膜拜。

值得一提的是，你想象的场景越夸张越好。夸张可以让你更容易地记住，因为我们的大脑天生就喜欢记住那些不寻常的事物。

一旦你将整个场景都想好了，就再快速地演练几遍。不断地重复整个场景，直到你可以在两秒以内将它从头到尾都想完——当然，一秒以内想完更好，因为它必须要迅速地闪现，甚至要比你在现实世界里看到的更快，只有这样，它才能真正地起到效果。

现在，你可以测试一下这种思维转换，看看它是否生效。这很像是网站的转换：当你在网址栏输入新网址，它便会转换成新的网址。当原来的消极念头涌现出来时，头脑便会自动地将它变成积极的场景。消极的念头一闪，你就可以迅速地想起积极的念头。

如果你前面的步骤没有做错的话，那么，积极的念头出现时，你想抑制都抑制不了。消极想法是你头脑自动运行整个模式的源头。所以，不论何时，只要你突然想到“我真像个傻瓜”，在你反应过来以前，这一念头便会转变成“我是个天才”。

如果你之前从来没有练习过图像化，那么，完成整个过程可能需要几分钟甚至更久。熟能生巧，一旦习惯了，全过程只需要几秒钟就可以搞定。因此，别因为一开始速度太慢而感觉气馁。这是一种可习得的技巧，与其他任何的技巧一样，在第一次使用时难免会因为生疏而笨手笨脚。